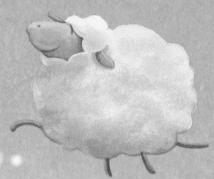

Dios Te ha Bendecido

MI PRIMERA RECONCILIACIÓN

Dynamic Catholic
Be Bold. Be Catholic.®

Mi nombre es

Dios me ha bendecido,
Dios me ha hecho maravilloso y
Extraordinario a su propia imagen.
Jesús quiere que yo me convierta
en la-mejor-versión-de-mí-mismo,
que crezca en virtud y viva una vida santa.

En este día

Jesús perdonará todos mis pecados
durante mi Primera Reconciliación.
Yo soy verdaderamente bendecido / bendecida.

Índice

Sesión 6: Es Sólo el Comienzo 177

Mi pequeño Catecismo 203

Reconocimientos 238

¡Bievenidos!

Uno de los dones más increíbles que Dios nos ha dado a los seres humanos es la capacidad para soñar. A diferencia de otras criaturas, los seres humanos podemos mirar al futuro, imaginar algo más grande y mejor, volver al presente y esforzarnos para hacer realidad ese futuro maravilloso que nos hemos imaginado.

Imagine que diferente sería la Iglesia si los niños, los jóvenes, y los jóvenes adultos quisieran ir a Misa todos los domingos. Imagine que diferente sería la Iglesia si todo católico en los Estados Unidos tuviera una relación dinámica y personal con Dios, asistiera a la Reconciliación con regularidad, e hiciera de la oración diaria una piedra de toque en su vida. La preparación para la Primera Reconciliación proporciona la oportunidad perfecta para hacer este sueño realidad.

La catequesis es el esfuerzo de la Iglesia para darle vida a las enseñanzas de Jesucristo en la vida de hombres, mujeres, y niños comunes. Las clases de educación religiosa son una de las formas elementales de catequesis.

Pero la evangelización precede a la catequesis.

La evangelización es ante todo un diálogo. No es un monólogo, es una conversación personal y poderosa que lleva a la conversión del corazón, la mente y el alma.

Debemos admitir que nuestros chicos necesitan encontrar un Dios vivo. Ellos necesitan escuchar el Evangelio de una manera personal, intrigante, relevante, irresistible y atractiva. Ellos necesitan saber que no están solos en la camino de la vida, que están bendecidos por ser hijos/hijas de un gran Rey, y que Dios nunca los abandonará.

Esperamos que este programa no sólo prepare a los chicos católicos para el Sacramento de la Reconciliación de una manera dinámica, sino también que los inspire a ser católicos para toda la vida.

Estos materiales son el resultado de miles de horas de rigurosa investigación, desarrollo y pruebas. Más de 500 personas han estado involucradas en el proceso. A través del desarrollo del programa, estudiantes, catequistas, maestros, directores de educación religiosa, padres, y párrocos nos han dicho lo que está y no está funcionando. Repetidamente, hemos refinado nuestros materiales a causa de la retroalimentación recibida.

Y aún no hemos terminado. Por décadas, los niños han estado usando programas que fueron desarrollados una vez y nunca cambiaron o sólo cambiaron cada siete años. Este no será el caso de *Dios Te ha Bendecido*. Nuestra esperanza es que ustedes nos retroalimenten para que podamos seguir mejorándolo regularmente.

Gracias por participar en este caminar. Nos damos cuenta que el papel que usted desempeña en la preparación de los chicos católicos para la Primera Reconciliación a veces no recibe el agradecimiento que debería, así que nosotros personalmente queremos darle las gracias por todo lo que usted hace por la Iglesia. Esperamos y oramos para que este programa haga que su experiencia con los chicos católicos de hoy sea profundamente satisfactoria tanto para usted como para ellos. .

Hay momentos en los que los ojos de un niño se agrandan de entusiasmo y comienzan a brillar. Nosotros en Dynamic Catholic llamamos a esa expresión facial el momento de "ahora lo comprendo". ¡Que nuestros esfuerzos, combinados con su dedicación, produzcan más momentos de "ahora lo comprendo" en los ojos de sus estudiantes este año!

Que la gracia de nuestro Dios, que es abundante y generoso, le de inspiración, valor, sabiduría, y paciencia.

El Equipo de Dynamic Catholic

El Enfoque de Dynamic Catholic

Dios Te ha Bendecido *es diferente. Basta darle un vistazo al material para darse cuenta que es diferente. Luce diferente y se siente diferente porque es diferente. La manera en que hemos desarrollado el programa es muy distinta a cómo los programas católicos han sido desarrollados en el pasado. Respaldado por una investigación y pruebas rigurosas,* Dios Te ha Bendecido *ha utilizado la última y más efectiva tecnología del mundo para crear una experiencia inolvidable.*

Dios Te ha Bendecido *no es diferente solo por querer ser diferente. La manera antigua sencillamente no está funcionando, ya que el 85% de los jóvenes católicos dejan de practicar su fe dentro de los diez años que siguen a su confirmación. Los riesgos son demasiado elevados. Se necesita algo diferente.*

El Proceso

¿Qué recuerda de su Primera Reconciliación? La mayoría de las personas no puede recordar nada. Juntos podemos cambiar eso para la próxima generación de católicos.

Hay muchos programas que presentan fielmente las enseñanzas de la Iglesia; pero eso no es suficiente. Presentar fielmente las enseñanzas de la Iglesia es esencial, pero también es crucial que sean presentadas de una manera interesante, accesible y relevante.

De modo que nos dispusimos a crear el mejor de los programa de Primera Reconciliación del mundo — el programa más dinámico para preparar a los niños para este gran Momento Católico. Como resultado, nos ha tomado más de tres años desarrollar *Dios Te ha Bendecido*. Esto es lo que se necesitó para crear un programa de talla mundial, el cual ahora usted sostiene en sus manos.

AÑO UNO: ESCUCHAR

Pasamos un año entero escuchando: reuniones — cientos de reuniones — grupos de enfoque, y llamadas telefónicas. Catequistas, maestros, padres, directores de educación religiosa, y sacerdotes nos dijeron que querían libros de trabajo atractivos, guías para líderes agradables y útiles para los catequistas, recursos que atrajeran a los padres al proceso, y música impactante. Nos dijeron que sería formidable si, por una vez, nuestros materiales católicos fueran tan buenos como los programas seculares que nuestros hijos experimentan todos los días; pero, sobre todo, querían programas que ayudaran a los niños a descubrir la genialidad del catolicismo de una manera tal que los inspirara a volverse católicos para toda la vida.

AÑO UNO: EXPLORAR

Pasamos el segundo año explorando cada uno de los programa de preparación para la Primera Reconciliación que se encuentran disponibles en la actualidad. Analizamos las diferencias y similitudes entre ellos. Investigamos qué partes en cada uno de ellos eran efectivas y qué aspectos, simplemente, no estaban funcionando. También exploramos las mejores prácticas entre otras iglesias y grupos cristianos para descubrir cómo estaban atrayendo a sus estudiantes. Entonces pasamos mucho tiempo preguntándonos por qué: ¿Por qué funciona esto? ¿Por qué esto no funciona? ¿Por qué los niños no responden a esto o a eso? Y finalmente nos preguntamos: ¿Qué se necesitará para que realmente se involucren en una discusión significativa sobre la genialidad del catolicismo?

Para el tercer año estábamos desarrollando nuestro propio programa basado en lo que habíamos aprendido. Esto dio inicio a un ciclo de desarrollo y prueba. Desarrollábamos fragmentos de material y los poníamos a prueba con los expertos. Una gran parte del material funcionaba, pero otra no; y todo se mejoraba a partir de la retroalimentación recibida durante la prueba.

Ahora es el momento de compartir *Dios Te ha Bendecido* con el mundo. Pero nosotros vemos esto como una prueba en a gran escala. Sabemos que no es perfecto; ningún programa lo es. La diferencia es que todavía no hemos acabado. Muchos programas son lanzados y nunca cambian. Pero a nosotros nos entusiasma mejorar este programa continuamente, basándonos en la retroalimentación que usted y sus niños nos provean. Así que si ven un error o una manera sustancial en que podamos mejorarlo, por favor hágannoslo saber.

La Experiencia

Dios Te ha Bendecido es una experiencia diseñada por Dynamic Catholic para preparar a los católicos más chicos para el Sacramento de la Reconciliación.

En el corazón del programa se encuentran 42 películas animadas cortas, cuya duración se extiende de 2 a 12 minutos.

Aquí tiene un vistazo rápido de las distintas maneras en que se puede vivir la experiencia de *Dios Te ha Bendecido*.

1 **En Línea:** El programa completo estará disponible en línea para todos y en todo momento.

2 **Formato Impreso:** El libro de trabajo, la guía para líderes, y la serie en DVD también estarán disponibles para las parroquias y los individuos que los deseen.

3 **Audiolibro:** Para que cualquier católico en los Estados Unidos experimente el contenido universalmente informativo e inspirador de *Dios Te ha Bendecido*; es perfecto para los padres y los seres queridos de los que se están preparándo para el Sacramento.

4 **Disco Compacto (CD) de Música:** Música contagiosa e inspiradora para escuchar en el automóvil, en el aula y en el hogar.

5 **Contenido en Español:** El programa completo también estará disponible en español.

Los Niños . . .

- Vienen en diferentes tamaños y habilidades

- Les encanta hablar, con frecuencia exagerando historias

- Trabajan duro para complacer a los padres, a los catequistas, a los maestros, y a otros adultos

- Prosperan con el uso de estructuras y rutinas

- Son sensibles a la valoración de los adultos

- Se comparan con otros

- Le dan mucha importancia a las amistades

- Ven las cosas como buenas o malas, maravillosas o terribles, con muy poco terreno neutral o área gris

- Están empezando a usar el razonamiento lógico

- Tienden a tomar decisiones basadas en la influencia de otras personas

- Tienen dificultad con el razonamiento abstracto

- Necesitan hacer cierre y desean terminar las tareas

- Quieren trabajar para ser perfectos, borrando constantemente

- Desean trabajar despacio

- Coleccionan y organizan cosas

- Aprenden mejor cuando sienten una conexión emotiva

- Tienen una fuerte sensación de asombro

*Típicamente, los niños reciben los Sacramentos de la Primera Reconciliación y la Primera Comunión en el segundo grado; pero, pensamos que estarán de acuerdo con que *Dios Te ha Bendecido* puede serle útil a todo católico en los Estados Unidos.

Los Elementos

En Dynamic Catholic creemos que todo lo que hacemos como católicos debe ser excelente; es por eso que buscamos los mejores recursos en el mundo para crear una experiencia inolvidable con la genialidad del catolicismo.

LOS LIBROS DE TRABAJO

Los libros de trabajo bellamente ilustrados, están hechos de más de 250 obras de arte pintadas a mano por un artista aclamado internacionalmente. La combinación de ricos contenidos visuales y dinámicos llevan la fe a la vida de los niños como nunca antes. El contenido encuentra a los niños donde están y los lleva paso a paso hacia donde Dios los está llamando.

EL COMPONENTE PATERNO-MATERNO

Dios Te ha Bendecido cuenta con un programa de correos electrónicos para padres, audiolibros y CDs de música, como respuesta al clamor de catequistas, maestros, directores de educación religiosa y Obispos- una manera dinámica de atraer a los padres que no están involucrados activamente y animarlos a hacer de la fe una prioridad en su vida.

LA ANIMACIÓN

Nuestra investigación reveló que la retención cognitiva en los niños de 6 a 9 años de edad está directamente relacionada con la conexión emotiva, y nada como la animación para conectarse con los niños a un nivel emocional significativo. De modo que pensamos que era hora de que los católicos se aprovecharan de las técnicas que Disney ha estado usando por más de noventa años para influir a nuestros niños.

Nos unimos con un estudio de animación, ganador del Premio Emmy, para crear la primera serie de películas animadas que jamás ha existido para la preparación sacramental. Cada uno de los 42 episodios se conectará con la sensación de asombro de sus niños llevándolos a una aventura inolvidable en la historia de Jesús y de las verdades vivificantes de su Iglesia.

El Formato

Este programa está dividido en seis sesiones. Cada sesión tiene al menos 60 minutos de material de clase, el cual puede ser utilizado en la forma que el/la catequista encuentre más conveniente para su grupo particular de estudiantes. Las sesiones están divididas de manera que el contenido puede acortarse o alargarse durante una clase y así ajustarse a sus necesidades.

> Nuestra investigación reveló que la retención cognitiva en los niños de 6 a 9 años de edad está directamente relacionada con la conexión emotiva, y nada se conecta mejor con los niños como la animación.

LAS SESIONES

Cada una de las seis sesiones de *Dios Te ha Bendecido* está compuesta de diferentes partes. Cuando usted planifique su tiempo de clase tome esto en cuenta y planifique una estructura como esta:

1 **Oración de Apertura**

2 **Momentos de Enseñanza**: Los episodios 2, 3, 4, y 6 son las sesiones con contenido de enseñanza básica.

3 **De la Biblia**: Cada sesión 5 utilizará la Sagrada Escritura para ilustrar el punto básico de la sesión. Esto ayudará a idarle vida a la Escritura!

4 **Muestra lo que Sabes**: Esta es una oportunidad para que usted pueda medir si los estudiantes están aprendiendo el material, por medio de preguntas de verdadero o falso y llenar los espacios en blanco.

5 **Diario con Jesús**: Esta es una oportunidad para que los estudiantes tengan — devotamente — una conversación íntima con Jesús. Pueden escribirle o dibujarle sus pensamientos a Jesús.

6 **Oración Final**

Además, hay dos características diseñadas para racionalizar y mejorar la experiencia educativa:

1. En cada primera plana (doble página) encontrará una lista de instrucciones y actividades paso a paso.

2. El número de las páginas corresponde con el libro de trabajo de los estudiantes, de modo que los dos libros coinciden.

SUGERENCIAS

A través de esta guía, encontrará una variedad de sugerencias. Le recomendamos que lea cada sugerencia cuidadosamente, de principio a fin. Esto le facilitará conectarse con los chicos católicos y crear una experiencia dinámica. Esto también le dará más confianza en sí mismo/a y le permitirá disfrutar el proceso—y imientras usted más lo disfrute, más lo disfrutarán ellos! Recuerde que usted les está ofreciendo algo hermoso. Bríndeles un hermoso encuentro con Dios y con su Iglesia, y usted les cambiará sus vidas para siempre. No pierda eso de vista.

Oración: Indica el momento en el que se le anima a usted a rezar con los niños.

 Leer y Explorar: Sugiere un tiempo para que los niños exploren el libro de trabajo y para que el material se lea en voz alta, con un compañero, y/o en silencio.

 Ver y Discutir: Indica un momento para ver uno, dos, o a veces hasta tres episodios, seguidos de una discusión en grupo.

 Muestra lo que Sabes: Indica cuándo pedirles a los niños que completen actividades de verdadero o falso y de llenar los espacios vacíos.

 Diario con Jesús: Indica el momento en que los estudiantes se involucran en una conversación personal, dirigida, con Jesús.

 Medidor de Tiempo: Es una guía para ayudarlo a planificar aproximadamente cuánto tiempo tomará cada actividad.

CITAS

A lo largo de este libro hay citas de algunos de los grandes campeones espirituales cristianos. Que sus palabras le den mucho ánimo y sabiduría a lo largo de este proceso y sobre todo, que lo/la inspiren para convertirse en la-mejor-versión-de-sí-mismo/a, para crecer en virtud y para vivir una vida santa.

Formatos Sugeridos

Uno de los grandes retos en el desarrollo de materiales para la Primera Reconciliación es que cada diócesis prepara a sus candidatos de distintas maneras para períodos de tiempo diferentes, con diferentes formatos de clase. Con esto en mente, hemos desarrollado *Dios Te ha Bendecido* con un formato sugerido, pero que a la vez lo hace infinitamente flexible.

Sugerimos que el programa se experimente a través de seis clases de 90 minutos de duración. Esto puede tener lugar una vez al mes por seis meses, dos veces al mes por tres meses, o una vez a la semana por seis semanas.

Si no es así como actualmente se estructura la preparación para la Primera Reconciliación, lo invitamos a que considere tratar algo nuevo. Que siempre lo haya hecho de cierta manera no significa que necesite seguir haciéndolo así—especialmente si esa manera no está produciendo resultados.

Otros Formatos

La médula del programa está constituida por 42 episodios animados cortos. En el formato sugerido, los niños experimentarían siete de estas animaciones cortas cada clase; pero pueden usar uno por clase por 42 sesiones, dos por clase por 21 sesiones, o tres por clase por 14 sesiones.

El programa fue diseñado específicamente para tener esta flexibilidad. Cada episodio es rico en contenido y concepto. Esto genera a grandes oportunidades para iniciar discusiones de clase o de grupos pequeños.

A esta edad, los niños ansían la repetición. A las parroquias y escuelas que tienen programas más largos y que necesitan más material, se les sugiere identificar episodios clave y mostrarlos múltiples veces. Habrá ciertos episodios hacia los cuales los niños gravitarán; deje que esos episodios y su tema se vuelvan parte de la estructura de la clase y, en última instancia, parte de la estructura de sus vidas.

Estamos Rezando por Ustedes

En el Evangelio de Marcos, justo después de la Transfiguración, Jesús baja de la montaña con Pedro, Santiago, y Juan. Esperando por Jesús se encuentra un padre desesperado por la curación de su hijo. El padre está un poco frustrado porque los discípulos de Jesús no han podido liberar a su hijo del demonio que lo plaga. Jesús reprende al espíritu maligno y éste deja al muchacho. Sus discípulos, sin duda frustrados por su incapacidad para curar al muchacho, le preguntan a Jesús, "¿Por qué no pudimos expulsar nosotros a ese espíritu?" Y él les respondió: "Esta clase de demonios no puede echarse sino mediante la oración y el ayuno" (Marcos 9,29).

Algunas cosas son tan importantes que necesitan oración y ayuno. Además de crear *Dios Te ha Bendecido*, hemos estado rezando y ayunando por ustedes y por los niños que experimentarán este programa. Juntos, con la gracia de Dios, transformaremos el corazón de todos los niños que experimenten *Dios Te ha Bendecido*, ayudándolos a convertirse en todo lo que Dios los creó para ser.

Si hay algo en que Dynamic Catholic le pueda servir, por favor, comuníquese con nuestro Equipo de Misión llamando al 859-980-7900 o envíennos un correo electrónico a blessed@dynamiccatholic.com.

> Además de crear *Dios Te ha Bendecido*, hemos estado orando y ayunando por usted y por los niños que experimentarán este programa.

1

¡Dios Te ha Bendecido!

GUÍA RÁPIDA DE LA SESIÓN

Oración de Apertura . . . . 5 min

Ver y Discutir; Leer y Explorar . . . . 68 min

Muestra lo que Sabes . . . . 10 min

Diario con Jesús . . . . 5 min

Oración Final. . . . . 2 min

OBJETIVOS

- **DEMOSTRAR** que somos bendecidos.

- **EXPLICAR** que la Primera Reconciliación es uno de muchos grandes momentos católicos en nuestro caminar con Dios.

- **ENSEÑAR** cómo ser agradecidos y cómo compartir nuestras bendiciones con otros.

- **Usted se preocupa por sus estudiantes.**
- **A usted le entusiasma ser parte del caminar de sus estudiantes hacia su Primera Reconciliación.**

BIENVENIDA

Preséntese. Coménteles algunas cosas sobre usted y su vida—dónde creció, qué equipo de fútbol apoya, sus pasatiempos, su sabor de helado favorito, y por qué decidió estar aquí ahora mismo.

Dígales que es el comienzo de un gran camino, y que se siente bendecido/a de poder acompañarlos.

Tome unos minutos para caminar alrededor del aula, pidiéndole a cada estudiante que diga su nombre y cuál es su color favorito. Puede ser que muchos de los niños no se conozcan; saber el nombre de sus compañeros los ayudará a empezar amistades.

Déjeles saber que está rezando por ellos y anímenlos a empezar a rezar unos por otros.

Y recuerde lo que escribió Teodoro Roosevelt: "A las personas no les importa cuánto sabes hasta que saben cuánto te preocupas."

Icono Oración	**Leer y Explorar**	**Ver y Discutir**	**Muestra lo que Sabes**	**Diario con Jesús**	**Medidor de Tiempo**

ORACION DE APERTURA

Paso a Paso

1 Hagan juntos la Señal de la Cruz y lea la oración de apertura en voz alta.

2 Motive y de tiempo para la exploración. Deles la oportunidad de sumergirse en el libro.

3 Pídale a los niños que busquen a la página de "Mi nombre es" que se encuentra al principio del libro y escriban su nombre y la fecha de su Primera Reconciliación. Es importante para ellos sentir que éste es un libro especial, justo para ellos. Los niños seguirán su ejemplo. Si usted hace que sea algo especial, ¡ellos también lo harán!

Nadie sabe exactamente lo que están haciendo, pero si actúan como si lo supieran, las personas pensarán que lo saben. Hasta los grandes líderes les dirán que esto es verdad.

Momento Decisivo

Mis Notas:

_____

_____

_____

_____

_____

_____

_____

1
¡Dios Te ha Bendecido!

Dios nuestro, Padre amoroso,
gracias por todas las formas en que me bendices.
Ayúdame a estar consciente de que cada persona,
cada lugar, y cada aventura que experimento
es una oportunidad para amarte más.
Lléname con el deseo de cambiar y crecer,
y dame la sabiduría para escoger ser
la-mejor-versión-de-mí-mismo en
cada momento de cada día.

Amén.

5 minutos

_____

_____

_____

_____

_____

_____

_____

sugerencia

¡Qué oportunidad tan maravillosa para compartir su fe con los chicos! Reúnalos a todos para rezar. Cada vez que oren, aliéntelos a todos a estar callados y a ser respetuosos en el momento de la oración. Utilice el silencio para crear un momento de devoción. Haga la Señal de la Cruz con reverencia. Recuerde, sus estudiantes lo/la están observando y quieren seguir su ejemplo.

El futuro está en sus corazones y en sus manos. Dios está confiándoles la tarea, difícil y edificante de trabajar con Él para construir la civilización del amor.

San Juan Pablo II

1

VER Y DISCUTIR

Paso a Paso

1 Introduzca el primer episodio. Dígale a los niños que está entusiasmado/a porque ellos van a conocer a Ben, a Sarah y a su mascota, el jerbo Hemingway.

2 Vean el episodio 1.

3 Exploren la ilustración. Pregúntele a los estudiantes: "¿Quién es el rey en este dibujo?
- DIOS
- ¿CÓMO SE LLAMA SU FAMILIA?"
- LA IGLESIA CATÓLICA

Los jóvenes quieren ser amados no por cómo lucen ni por lo que pueden hacer, sino simplemente por quiénes son. Así es como Dios nos ama. Nuestra ansiedad de ser amados es una ansiedad de Dios.

Momento Decisivo

2

Bienvenidos

¡Bienvenido/Bienvenida! Estamos empezando un maravilloso caminar juntos.

Tú eres hijo/a de Dios. Tú eres parte de la más grande y famosa familia del mundo: la Iglesia Católica. Dios te ha bendecido.

Dios quiere que siempre te sientas bienvenido/a en su presencia, en su Iglesia, y como miembro de su familia.

Eres hijo/hija de un gran Rey.

Mis Notas:

_____

_____

_____

_____

_____

_____

_____

Puede ser que pienses en ti como un niño o una niña, joven o viejo, negro o blanco, americano o chino, pero primero y ante todo, eres hijo/a de Dios. Él es el gran Rey, y tú eres su hijo o hija. Todos tenemos esto en común. Dios es nuestro Padre.

🕐 **7 minutos**

_____
_____
_____
_____
_____
_____
_____
_____

sugerencia

Este es el primer episodio animado que van a experimentar en el programa. Asegúrese de que todos puedan ver la pantalla. Comparta su emoción de ver un episodio por primera vez con ellos. Si usted esta entusiasmado/a de verlo, ¡ellos también se entusiasmarán!

El día que aprenda a rendirse totalmente a Dios, descubrirá un nuevo mundo …Disfrutará una paz y una calma desconocidas, sobrepasando hasta los días más felices de su vida.

Beato Jaime Hilario

3

LEER Y EXPLORAR

Paso a Paso

1 Lea esta sección a sus estudiantes en voz alta.

2 Comparta con ellos cuales son algunos de los mejores regalos que usted ha recibido. Trate de no enfocarse en bendiciones materiales. Enfóquese en bendiciones que con frecuencia pasan inadvertidas

Ejemplos:

- AIRE PARA RESPIRAR
- OÍDOS PARA ESCUCHAR
- COMIDA FAVORITA
- ATARDECERES
- LA FAMILIA
- Y EL REGALO MÁS GRANDE DE TODOS, ¡LA VIDA!

Sin gratitud, lo que fue extraordinario ayer se vuelve común hoy.

Vuelve a Descubrir a Jesús

Dios te ha Bendecido

Dios te ha bendecido. ¿Qué quiere decir ser bendecido? Quiere decir que Dios te ama y te llena de regalos.

Dios te ha bendecido de muchas maneras, pero cada bendición que experimentas proviene de la primera bendición. Tú eres hijo/a de Dios. Esta es la bendición original.

¿Cuál es el mejor regalo que has recibido en tu vida?

Mis Notas:

_____

_____

_____

_____

_____

_____

_____

Puede que pienses que ha sido una bicicleta, un bate, un vestido, un brazalete, o un juego de video. Pero esto no es cierto.

El mejor regalo que has recibido es LA VIDA. La vida hace posible todo todos los demás ¡Sin vida no podrías disfrutar ningún otro regalo!

Esta es una de las mil razones por las que la vida es sagrada. Dios da la vida.

Lo primero que leemos en la Biblia es cómo Dios lo creó todo. Después Dios miró todo lo que había creado y dijo, "Es muy bueno" (Génesis 1,31).

Tú has sido bendecido/a de muchas maneras, pero toda bendición proviene de la vida.

Puedes tener la bendición de correr como el viento, pero si Dios no te hubiera dado la vida no podrías hacerlo. Puedes tener la bendición de comer helado, pero solamente porque Dios te dio la bendición original.

Puedes tener la bendición de cantar como un ángel, pero solamente porque Dios te dio la vida primero.

Dios te ha dado la vida y te hizo su hijo, su hija. Dios te ha bendecido.

5 minutos

_____
_____
_____
_____
_____
_____
_____

sugerencia

Para dirigir exitosamente, usted tiene que ver a sus estudiantes como personas reales, y ellos tienen que verlo a usted como una persona real. Uno de los instrumentos más poderoso que usted tiene para dirigir a este grupo es su historia. Siéntase libre de compartir cosas acerca de usted a medida que pasa tiempo con sus estudiantes, y así cultivará confianza y honestidad con ellos.

Dios los ha enviado a su cosecha como trabajadores para que, por medio de su ministerio, la fe pueda ser preservada y el amor aumente.

San Vicente Pallotti

Paso a Paso

1 Introduzca el Episodio 2 diciendo: "Dios nos ha bendecido de tantas maneras, pero ¡Ben y Sarah van a compartir la bendición más grande de todas!".

2 Vean los Episodios 2 y 3.

3 Pregunte a los estudiantes: "¿Pueden mencionar algunas bendiciones en su vida?" Escríbanlas en la pizarra. Continúen hasta que los niños hayan nombrado 50 bendiciones en total.

Si no saben que decir, sugiera:

la vida, la familia, los amigos, la escuela, un juguete favorito, comida, un deporte favorito, la música o un instrumento, buena salud, una mascota favorita, la tierra, estar saludable, vacaciones de verano, la Navidad, la Pascua de Resurrección, una cama cómoda, los Estados Unidos, y Dios.

Cuenta tus Bendiciones

Hay un antiguo dicho judío, "¡Cuenta tus bendiciones!" Los rabinos judíos animan a su pueblo a contar sus bendiciones todos los días y ver si pueden llegar a cien.

Contar nuestras bendiciones nos lleva a la gratitud. Cuando contamos nuestras bendiciones nos llenamos de alegría y de gratitud. A Dios le encanta un corazón agradecido; como hijos de Dios debemos tratar de empezar y terminar cada día con gratitud.

Dios nos bendice de muchas maneras. Cuando contamos nuestras bendiciones en realidad estamos diciéndole GRACIAS a Dios por todos los talentos, las cosas, las personas, las experiencias y las oportunidades fabulosas que El nos da.

Mis Notas:

_____

_____

_____

_____

_____

_____

_____

Cuando alguien pregunta, "¿Cómo estás?" más que decir "bien", puedes decir, "¡Bendecido/a!" Eso nos ayuda a recordarlo, y les recuerda a los demás que ellos también son bendecidos.

¿Cuáles son algunas de las maneras en que Dios te ha bendecido?

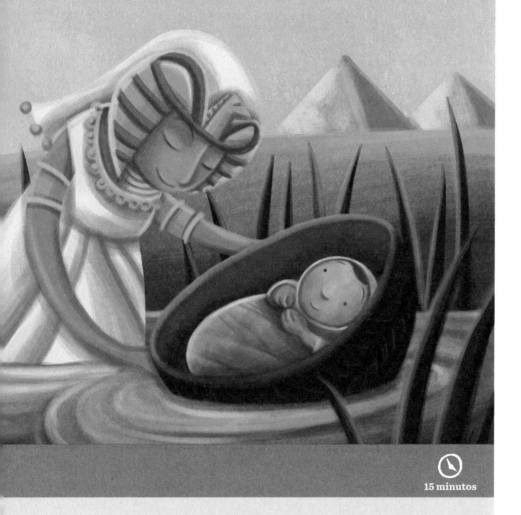

15 minutos

sugerencia

Uno de los hábitos más poderosos para los chicos es desarrollar una actitud de gratitud. Contar las bendiciones lleva a la gratitud. De vez en cuando, haga que los niños cuenten sus bendiciones.

Sean fieles en las cosas pequeñas porque es en ellas que descansan sus fuerzas.

Santa Teresa de Calcuta

LEER Y EXPLORAR

Paso a Paso

1 Pida a los niños que escriban una Lista de Gratitud. Si les resulta difícil, refiéralos a la lista en la pizarra que hizo la clase. Asegúrese de no pasar más de 5 minutos haciendo la lista.

La gratitud nos recuerda qué importa más y qué importa menos, y nos llena de resolución para llevar a cabo la gran misión que Dios nos ha confiado.

Resistiendote a la Felicidad

Mi Lista de Gratitud

Estoy agradecido/a por . . .

_____

_____

_____

_____

_____

_____

_____

Mis Notas:

_____

_____

_____

_____

_____

_____

_____

5 minutos

sugerencia

Sus estudiantes deben seguir añadiéndo bendiciones a la Lista de Gratitud en el libro de trabajo, durante todo el curso de su preparación. Cada vez que quieran añadir algo a la lista, anímelos a compartirlo con la clase.

Para aquéllos que aman, nada es demasiado difícil, especialmente cuando se hace por amor a nuestro Señor Jesucristo.

San Ignacio de Loyola

9

VER Y DISCUTIR

Paso a Paso

1 Introduzca el Episodio 4 diciendo: "En este episodio, el Padre Tom comparte algunos de los grandes momentos de su vida".

2 Ver el Episodio 4.

3 Hacer la actividad:

YO CONOZCO A MI PRÓJIMO

Escoja a un voluntario/a que inicie la actividad, los demás estudiantes hacen un circulo a su alrededor. El voluntario/a dirá, "Conozco a mi vecino que…" y algo como: "lleva pantalones de vaquero" o "practica deportes". Si lo que dice aplica a uno de los estudiantes este se mueve para buscar un nuevo lugar en el círculo. Los demás se quedan dónde están. El voluntario también tiene que encontrar un lugar en el círculo. El que se pierda su lugar, pasará al centro y se repetirá la misma dinámica del inicio hasta que todos hayan pasado al centro al menos una vez.

10

Mi Camino con Dios

Todos somos hijos e hijas de Dios. Esto nos hace más parecidos que diferentes. Con demasiada frecuencia nos enfocamos en nuestras diferencias, en lugar de recordar que todos somos hermanos, que todos somos hijos del mismo gran Rey.

Dios te dio la vida, y ha diseñado un maravilloso camino especialmente para ti. A lo largo del camino encontrarás momentos muy importantes.

Mis Notas:

_____

_____

_____

_____

_____

_____

Bautismo

Primero, te bautizaron, y con esto inició tu nueva vida en Jesús. En ese momento fue cuando te convertiste en un miembro de su Iglesia y te uniste a la más grande y famosa familia del mundo, la Iglesia Católica.

¿Cuándo fuiste bautizado?

12 minutos

sugerencia

Si usted está siguiendo el formato sugerido de 90 minutos, a este punto usted ha llegado aproximadamente a la mitad de la clase. Es un buen momento para hacer un breve descanso. Si está atrasado/a, eche un vistazo rápido hacia adelante y vea cómo puede ponerse al día. Si va adelantado/a, busque en los próximos 45 minutos una oportunidad para generar una conversación interesante. Si va a tiempo, ¡siga adelante!

_____
_____
_____
_____
_____
_____
_____
_____

> Porque, aunque Él está con nosotros y adentro y afuera de nosotros y a través de nosotros, tenemos que ir en travesías para encontrarlo.
>
> Thomas Merton

11

LEER Y EXPLORAR

Paso a Paso

1 Pregúntele a sus estudiantes: "¿Cuándo recibirán su Primera Reconciliación y su Primera Comunión?" Haga que escriban su respuesta en el libro.

> No es la magnitud de nuestras acciones, sino la cantidad de amor que se ponga en ellas lo que importa.

Santa Teresa de Calcuta

Primera Reconciliación

Ahora, te estás preparándote para tu Primera Reconciliación. De vez en cuando todos hacemos algo mal que ofende a Dios y pone obstáculos entre Él y nosotros. Cuando nos separamos de Dios nos volvemos infelices. La Reconciliación remueve estos obstáculos y llena nuestro corazón y nuestra alma de alegría otra vez.

¿Cuándo vas a recibir la bendición de tu Primera Reconciliación? Recibiré mi Primera Reconciliación en...

Mis Notas:

_____

_____

_____

_____

_____

_____

_____

Primera Comunión

Dentro de poco, la bendición de la Reconciliación te preparará para tu Primera Comunión. Recibir a Jesús en la Eucaristía es una de las grandes bendiciones de nuestra vida.

¿Cuándo vas a recibir a Jesús en la Eucaristía por primera vez? Recibiré mi Primera Comunión en...

Confirmación

Cuando seas más grande serás bendecido otra vez cuando recibas el Sacramento de la Confirmación. La Confirmación nos recuerda que en el Bautismo Dios nos bendijo con una misión especial y nos llenó con el Espíritu Santo. Nos recuerda esas bendiciones increíbles y nos da el valor y la sabiduría para vivir la misión que Dios nos ha dado.

2 minutos

sugerencia

No tiene sentido decirle a sus estudiantes que éste es un momento muy importante en su vida y después decirles que no escriban en el libro. Nosotros en Dynamic Catholic hemos creado el libro de trabajo para que se escriba en él. Y por eso fijamos el precio de tal manera que sea asequible y cada estudiante tenga un libro de trabajo nuevo cada año. Creemos que cada niño en cada parroquia merece la oportunidad de usar los mejores recursos católicos disponibles. Esperamos que usted este de acuerdo.

Con esto en mente, usted querrá que escriban por todas partes del libro de trabajo. Anímenlos a escribir, a subrayar oraciones, destacar sus frases favoritas, doblar la esquina de sus páginas favoritas, dibujar adentro y afuera de las líneas, y a escribir en lugares que nunca hemos imaginado que escribirían una nota o una cita. Mientras más hagan, más involucrados estarán en el programa. Católicos altamente involucrados— eso es lo que soñamos en Dynamic Catholic. Este es un momento clave para involucrarlos de una manera poderosa, y si es posible lograrlo dejándolos escribir en el libro por todas partes y haciéndolos que luego lo guarden en su casa para siempre, animémoslos a hacerlo cada vez que tengamos la oportunidad de pararnos frente a ellos y explorar otra parte del libro de trabajo.

LEER Y EXPLORAR

Paso a Paso

1 Pídale a sus estudiantes que nombren a alguien que conozcan que haya recibido el Sacramento del Matrimonio o el del Orden Sacerdotal.

Por ejemplo:

- SUS PADRES O SUS ABUELOS, PARA EL SACRAMENTO DEL MATRIMONIO
- EL PÁRROCO O EL DIÁCONO DE SU PARROQUIA, PARA EL SACRAMENTO DEL ORDEN SAGRADO

> **Nunca le inculquen miedo o derrota a un niño. Un cristiano tiene que poder responder a momentos de derrota y prosperar nuevamente.**
>
> Semillas de Mostaza

Matrimonio

Más tarde en la vida, Dios puede bendecirte de nuevo con el Matrimonio o el Orden Sacerdotal. En el Sacramento del Matrimonio, Dios une a un hombre y a una mujer para que se aprecien, para que vivan una vida santa juntos, y se ayuden a convertirse en la-mejor-versión-de-ellos-mismos, y lleguen al Cielo.

Orden Sacerdotal

Dios llama a algunas personas a convertirse en sacerdotes, diáconos, y obispos por medio del Sacramento del Orden Sacerdotal.

Unción de los Enfermos

Si a lo largo de tu camino te enfermas y necesitas que Dios te cure el cuerpo, la mente, o el espíritu, serás bendecido con la Unción de los Enfermos.

Mis Notas:

_____

_____

_____

_____

_____

_____

Tú estás caminando con Dios. A lo largo del camino experimentarás estos grandes momentos católicos, que llamamos los siete Sacramentos. Cada uno de estos Sacramentos es una bendición. Todos están conectados. Estos grandes momentos están designados por Dios para ayudarte a vivir una buena vida aquí en la tierra, y te prepararán para vivir con Dios en el Cielo para siempre.

Dios te ha bendecido.

🕐 **2 minutos**

sugerencia

¡Dé su opinión! Recuerde que los chicos pueden ser lentos para participar, de modo que ayudaría si estuviera usted listo/a para ofrecer algunas de sus propias respuestas también.

También sabemos que Dios dispone todas las cosas para bien de los que lo aman, a quienes Él ha escogido y llamado.

Romanos 8,28

VER Y DISCUTIR

Paso a Paso

1 Introduzca el video: "El próximo video es sobre la gratitud. Después del video, les contaré acerca de un momento en que estuve particularmente agradecido/a por una bendición de Dios".

2 Vean el Episodio 5.

3 Comparta con ellos un momento en el que estuvo particularmente agradecido/a por una bendición de Dios. Puede ser acerca de un gran momento en su vida, como tener a su primer hijo, o puede ser un momento no tan grande, como mirar una hermosa puesta de sol.

Transformando nuestras actividades diarias en oración, ponemos a Dios en el centro de todo lo que hacemos.

Semillas de Mostaza

Mis Notas:
_____
_____
_____
_____
_____
_____
_____
_____

De la Biblia: Gratitud

Cuando hacemos tiempo para rezar, reflexionar, y contar nuestras bendiciones, nos damos cuenta de que Dios nos ha bendecido de muchas maneras. La gratitud es la mejor respuesta a cualquier bendición. En el evangelio de Lucas hay una historia maravillosa sobre la gratitud.

Un día, mientras Jesús estaba viajando a Jerusalén, diez hombres con lepra se le acercaron y le pidieron que los curara. La mayoría de las personas no se acercaría a una persona con lepra, porque esta enfermedad es muy contagiosa, pero Jesús tuvo misericordia de ellos.

Él los bendijo y dijo, "Vayan y preséntense a los sacerdotes". Por el camino, los leprosos se dieron cuenta que habían sido curados. ¡Era un milagro!

Cuando uno de los leprosos vio que estaba curado de esta horrible enfermedad, se llenó de alegría e inmediatamente regresó a Jesús y lo alabó a gritos. Jesús le preguntó al hombre, "¿Dónde están los otros?"

Adaptado de Lucas 17,11–19

5 minutos

sugerencia

El quinto episodio en cada sesión de la animación es una historia de la Biblia. ¿Por qué? 50 años de investigación demuestran que los niños prosperan con la rutina. Dynamic Catholic realizo su propia investigación y encontró que establecer fuertes conexiones entre las historias de la Biblia y la vida diaria es algo crítico si lo que se quiere es que los católicos se vuelvan lectores de la Biblia para toda la vida. Nada en *Dios Te ha Bendecido* es producto del azar o accidental. Cada parte de este programa está diseñada para provocar los resultados deseados. Tómese su tiempo con estos pasajes bíblicos. Léalos lentamente, como si nunca antes han sido escuchados. Una de las maneras de respetar la Palabra de Dios es simplemente la forma en que la leemos. Recuérdele a los estudiantes que leer la Biblia es la mejor manera para aprender lecciones valiosas de la vida, y de acercarse más a Dios. Comparta con la clase que quisiera haberse sumergido en la sabiduría de la Biblia mucho más temprano en su vida.

Amar a Dios, servir a Dios; todo está en eso.

Santa Clara de Asís

LEER Y EXPLORAR

Paso a Paso

1 Lea en voz alta las lecciones que "El único leproso que regresó" nos enseña.

2 Pregúntele a los estudiantes: "Si fueran uno de los leprosos, ¿cómo se sentirían después que Jesús los curó?" Usted puede responder sugiriendo sentimientos como:

- AGRADECIDOS
- FELICES
- ENTUSIASMADOS
- ALIVIADOS

Jesús había curado a los diez leprosos, pero sólo uno le dio las gracias. Jesús acababa de cambiar su vida para siempre, pero ellos ni siquiera pudieron molestarse en regresar y darle las gracias. Eso es rudo, ¿no crees?

Quizás los otros tuvieron la intención de darle las gracias a Jesús, pero se distrajeron con la vida. Tal vez pensaron, "Le daré las gracias a Jesús mañana, o la semana próxima".

El único leproso que regresó nos enseña muchas lecciones.

1. Sé agradecido cuando Dios te bendice.

2. Es rudo no ser agradecido.

3. Cuando Dios te bendice abundantemente, di gracias de una manera especial. El leproso que regresó no susurró gracias en el oído de Jesús, lo alabó a gritos.

4. No pospongas las cosas importantes. Eso incluye tu oración diaria e ir a la iglesia. ¿Cuándo regresó el leproso y le dio las gracias a Jesús? Inmediatamente. No lo pospuso.

5. Cuando reconocemos las bendiciones de Dios, nos llenamos de alegría.

Cada persona en la historia de la Biblia tiene una lección que enseñarnos. Cada domingo, en la Misa, piensa sobre las personas en las lecturas y en qué lección Dios está tratando de enseñarte por medio de su vida.

Ser cristiano no se trata de ser perfecto. Ser seguidor de Jesús no requiere perfección; sino vivir como Jesús nos invita a vivir.

Vuelve a Descubrir a Jesús

18

Mis Notas:

_____

_____

_____

_____

_____

_____

_____

3 minutos

sugerencia

No le tema al silencio. Después de hacer una pregunta, anticipe una pausa de varios segundos. Unas personas necesitan más tiempo que otras para procesar. Eso está bien. Siempre puede volver a alguien que necesite más tiempo. "Veo que estás pensando tu respuesta; te daré un momento", o "¿Quieres que pasen los demás y luego tú?".

Cuando uno está al servicio de Dios, no es apropiado tener un rostro sombrío o una mirada escalofriante.

San Francisco de Asís

LEER Y EXPLORAR

Paso a Paso

1 Lea el texto a la clase.

2 Pregunte: "¿Por qué fueron rudos los otros leprosos al no regresar a darle las gracias a Jesús?".

- JESÚS BENDIJO A LOS LEPROSOS CURÁNDOLOS. CADA VEZ QUE RECIBIMOS UN REGALO DE DIOS, DEBEMOS DECIR ¡GRACIAS!

¿Cuán bien conocen la historia de Jesucristo? Es la historia más impactante que jamás se ha contado; pero pierde su poder cuando nos familiarizamos tanto con ella que dejamos de oírla como parte de nuestra propia historia.

Vuelve a Descubrir a Jesús

Dios Me ha Bendecido. Yo lo agradezco.

Una de las maneras en que podemos amar a Dios es siendo agradecidos por todas las maneras en que Él nos ha bendecido. Dios nos bendice de mil maneras todos los días. Pero con frecuencia damos por hecho estas bendiciones.

¿Puedes ver? ¡Dios te ha bendecido! Imagina cómo es estar ciego. Todos los días ves mil cosas, pero ¿cuándo fue la última vez que le agradeciste a Dios por darte la vista? El sentido de la vista es una bendición increíble, pero a menudo lo tomamos por sentado. ¡Dios te ha bendecido! Si puedes leer, ¡Dios te ha bendecido! Si no estás en cama enfermo/a, ¡Dios te ha bendecido! Si tienes personas que se interesan por ti, ¡Dios te ha bendecido! Si estás recibiendo una educación y aprendiendo a amar el aprendizaje, ¡Dios te ha bendecido! Si en tu vida alguien te ama tanto que quiere que aprendas sobre Dios y su Iglesia, ¡Dios te ha bendecido! Si tienes agua pura para beber, comida para comer, y un lugar para dormir, ¡Dios te ha bendecido! Si vives en un país donde hay libertad y justicia, ¡Dios te ha bendecido!

Mis Notas:

_____
_____
_____
_____
_____
_____
_____

La lista sigue y sigue. ¡Dios te ha bendecido! Dios está bendiciéndote de mil maneras todos los días. Algunas de estas bendiciones las das por hecho porque Él te las da con frecuencia, como ¡el aire que respiras, el agua que bebes, los alimentos que comes, y la cama en que duermes! Es por esto que es importante hacer tiempo cada día para contar nuestras bendiciones.

La respuesta perfecta a las bendiciones de Dios tiene dos partes: Primera, ser agradecido; segunda, compartir tus bendiciones con el prójimo.

Así como el leproso que regresó para alabar a Jesús a gritos, nosotros también debemos expresarle nuestra gratitud a Dios por todas sus bendiciones.

5 minutos

sugerencia

Asegúrese de elogiar a sus niños. Cuando lo haga, sea específico y honesto. ¿Por qué? Porque, con frecuencia, los niños son más inteligentes y perceptivos de lo que pensamos. Pueden detectar falsas alabanzas a una milla de distancia, y en el segundo que detecten falsas alabanzas, usted perderá credibilidad. Ser honesto le permite dar la impresión de ser sincero y sus estudiantes lo apreciarán. Cuando es específico, les deja saber a los niños que está notándolos realmente, y los anima a convertirse en la--mejor-versión-de-sí-mismos. En resumidas cuentas, todos brillamos cuando nos damos cuenta de que alguien se preocupa lo suficiente como para fijarse.

El secreto de la felicidad es vivir momento a momento y darle gracias a Dios por todo lo que Él, en su bondad, nos envía día tras día.

Santa Gianna Molla

VER Y DISCUTIR

Paso a Paso

1 Introduzca el Episodio 6 diciendo: "En este episodio, Ben le lleva flores a la Hermana Rosa por ser una maestra increíble. Al mirarlo, piensen en una cosa que pueden hacer para bendecir a alguien en su vida".

2 Ver el Episodio 6.

3 Pregúntele a los niños, "¿Qué pueden hacer para bendecir a alguien en su vida?"

- ESCUCHAR A SUS PADRES CUANDO LES DICEN QUE SE VAYAN A ACOSTAR.
- COMPARTIR SUS JUGUETES CON SUS HERMANOS.
- DARLE LAS GRACIAS A SUS MAESTROS.

Jesús quiere que maravillen a las personas con su generosidad.

Vuelve a Descubrir a Jesús

Compartiendo tus Bendiciones

La segunda manera de responder perfectamente a las bendiciones de Dios es compartirlas. ¡Dios te bendice para que tú puedas bendecir a los demás! Hay más maneras de bendecir a los demás que estrellas en el cielo. Puedes bendecir a alguien ayudándolo con algo. Puedes bendecir a alguien escuchando lo que tiene que decir. Puedes bendecir a tus padres llevando una buena vida. ¡Así es! Los buenos hijos son una gran bendición para sus padres. Puedes bendecir a alguien rezando por esa persona y pidiéndole a Dios que la cuide. Puedes bendecir a alguien ayudando a esa persona a convertirse en la-mejor-versión-de-sí-misma.

Mis Notas:

_____

_____

_____

_____

_____

_____

_____

_____

Pocas cosas en la vida te traerán más alegría que compartir las bendiciones de Dios con los demás. Pero para compartir tus bendiciones con los demás necesitas estar muy claro sobre una cosa: ¡Dios te ha bendecido!

De modo que cuando recuestes la cabeza en tu almohada esta noche, susurra calladamente, "Soy bendecido, soy bendecida. Gracias, Dios, por bendecirme hoy. Dios me ha bendecido."

7 minutos

Sigan su estrella. Esperen a que salga y, mientras esperan, prepárense. Familiarícense de una manera infinita con sus necesidades, con sus talentos y con sus deseos. Recuerden que las circunstancias, ya sea que aparezcan buenas o malas, son oportunidades. Cuando vean una estrella salir en el horizonte de su vida y se llenen de un deseo ardiente de seguirla, y perciben que al seguirla usarán sus talentos y satisfarán sus necesidades legítimas—síganla.

Matthew Kelly

23

MUESTRA LO QUE SABES

Paso a Paso

1 Pídale a los niños que completen la hoja de actividades ya sea ellos solos, con un compañero/a, o juntos como clase.

2 Luego de cinco minutos, pregúntele a la clase: "¿Tienen dificultades con alguna pregunta?".

3 Brevemente explique la respuesta a la pregunta y muéstreles en su libro de actividades la página en donde pueden encontrar la respuesta.

Algunas cosas son importantes; pero nada es más importante que alguien. Porque todos son hijos de Dios.

Momento Decisivo

Muestra lo que Sabes

Verdadero o Falso

1. __T__ Estás en un gran camino con Dios. (p 10)

2. __F__ No tienes nada por qué estar agradecido. (p 17)

3. __F__ La gratitud es la peor respuesta a cualquier bendición. (p 17)

4. __T__ Dios quiere que te conviertas en la-mejor-versión-de-ti-mismo. (p 22)

5. __T__ A Dios le gusta un corazón agradecido. (p 6)

Llena los Espacios en Blanco

1. La bendición más grande que Dios te ha dado es la _____**vida**_____. (p 5)

2. Cuando contamos nuestras bendiciones nos llenamos de _____**alegria**_____ y _____**gracias**_____. (p 6)

3. La _____**Iglesia Católica**_____ es la más grande y famosa familia del mundo . (p 2)

4. El _____**Bautismo**_____ es el principio de tu nueva vida en Jesús. (p 11)

5. La _____**Confirmación**_____ nos recuerda que en el Bautismo Dios nos bendice con una misión especial y nos llena con el Espíritu Santo. (p 13)

Mis Notas:

_____

_____

_____

_____

_____

_____

_____

_____

6. Eres miembro de la _____**familia**_____ de Dios. (p 2)

7. Cuando Dios te bendice abundantemente di _____**gracias**_____ de una manera especial. (p 18)

8. Cada persona en cada historia de la Biblia tiene una _____**lección**_____ que enseñarnos. (p 18)

9. Estoy _____**bendecido/a**_____. (p 20)

10. Dios te bendice para que puedas _____**bendecir**_____ al prójimo. (p 22)

Lista de Palabras

CONFIRMACIÓN	VIDA	ALEGRIA	GRACIAS	BENDECIDO/A	FAMILIA
IGLESIA CATÓLICA	BAUTISMO	BENDECIR	GRATITUD	LECCIÓN	

10 minutos

_____
_____
_____
_____
_____
_____
_____

Muéstrale al niño el camino que debe seguir, y se mantendrá en él aún en la vejez.

Proverbios 22,6

DIARIO CON JESUS

Paso a Paso

1. Invite a sus niños a escribirle una carta a Jesús.

2. Lean la frase de inicio del diario en voz alta.

3. Pídale a los niños que permanezcan en silencio mientras escriben en su diario.

4. Sí usted lo desea puede poner música tranquila de fondo, para ayudar a crear un ambiente propicio a la reflexión y motivar a los estudiantes a permanecer en silencio y enfocados en el diario con Jesús.

Lo pequeño puede triunfar sobre lo grande. Ha podido antes y podrá otra vez. Si alguna vez las cosas parecen estar en tu contra, mantén la cabeza alta; persevera.

Semillas de Mostaza

Mis Notas:

_____

_____

_____

_____

_____

_____

_____

_____

Diario con Jesús

Querido Jesús,

Soy muy bendecido/a porque . . .

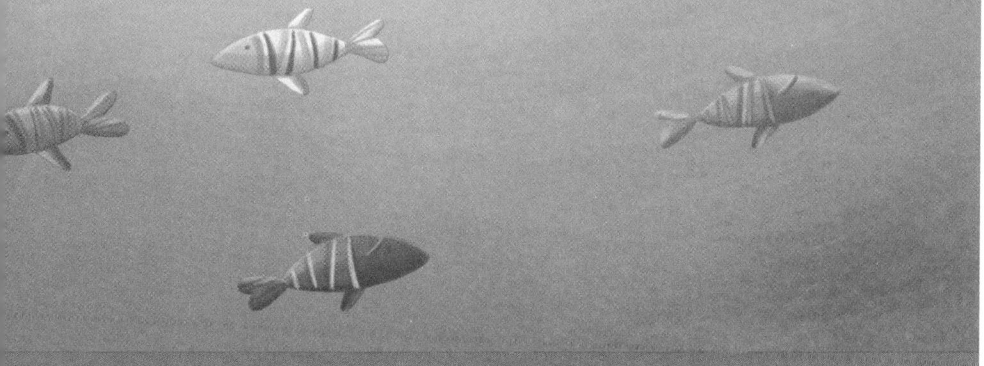

5 minutos

sugerencia

El cristianismo siempre se ha propagado por medio de testimonios. Enseñar este programa es una oportunidad increíble para que usted crezca personalmente. Mientras más se sumerja en *Dios Te ha Bendecido*, más probable será que los chicos que tiene delante de usted lo hagan. Ya sea antes o después de la clase, haga tiempo para escribirle su propia carta a Jesús. No tiene que ser en cada clase; pero, de vez en cuando, comparta con sus estudiantes algo que le escribió a Jesús en su carta. Ellos aprenderán algo de lo que comparta; pero aprenderán más sabiendo que usted está tomando estos ejercicios en serio.

Pon tus talentos y tu entusiasmo al servicio de la vida.

San Juan Pablo II

ORACION FINAL

Paso a Paso

1 Presente el Episodio 7 diciendo: "En este episodio, Ben nos va a guiar en la oración de gratitud de María. Vamos a hacer silencio y a prestar atención especial a este breve episodio.

2 Ver el Episodio 7.

3 Si el tiempo lo permite, pregúntele a los estudiantes: "¿Cuáles son algunas de las cosas más importantes que han aprendido en esta sesión?"

- CONTAR MIS BENDICIONES.
- LA RECONCILIACIÓN ES UN GRAN MOMENTO EN MI CAMINO CON DIOS.
- MOSTRAR GRATITUD HACIA DIOS.
- COMPARTIR TODAS MIS BENDICIONES CON OTRAS PERSONAS.
- SOY EL HIJO/LA HIJA DE UN GRAN REY.

Oración Final:

Una de las oraciones más famosas es el Canto de Gratitud de María, llamado el Magníficat:

> Proclama mi alma la grandeza del Señor,
> y mi espíritu se alegra en Dios mi Salvador,
> porque se fijó en su humilde esclava,
> y desde ahora todas las generaciones me llamarán bendecida.
> El poderoso ha hecho grandes cosas por mí:
> ¡Santo es su Nombre!

Adaptado de Lucas 1,46—49

Esta fue una de las maneras en que María le mostró su enorme gratitud a Dios, Tú también puedes alabar a Dios dando gracias, mañana, tarde y noche. Vamos a alabar a Dios ahora mismo con nuestra propia oración:

> Señor mi Dios, gracias por todas las maneras en que me has bendecido en el pasado, todas las maneras en que me has bendecido hoy, y todas las maneras en que planeas bendecirme en el futuro. Yo sé que tienes grandes planes para mí. Ayúdame a no dudar nunca de Ti.
>
> Amen.

Mis Notas:

_____

_____

_____

_____

_____

_____

_____

2 minutos

sugerencia

En cada sesión, el episodio 7 es la Oración Final. Estos episódios fueron diseñados para ser intencionalmente educativos, inspiradores, prácticos, y entretenidos. Recuérdele a sus estudiantes que en este episodio no sólo estamos mirando a Ben rezar como una forma de entretenimiento; estamos rezando con él realmente. Con esto en mente, asegúrese de hacer que los estudiantes hagan la Señal de la Cruz al principio y al fin de la oración con Ben.

Nuestro Señor no mira tanto a la grandeza de nuestras acciones, ni siquiera a su dificultad, como al amor con que las hacemos.

Santa Teresa de Lisieux

2

La-Mejor-Versión-de-Ti-Mismo

GUÍA RÁPIDA DE LA SESIÓN

Oración de Apertura . . . . 2 min

Ver y Discutir; Leer y Explorar . . . . 70 min

Muestra lo que Sabes . . . . 10 min

Diario con Jesús . . . . 5 min

Oración Final . . . . 3 min

OBJETIVOS

- **DEMOSTRAR** que siempre somos más felices cuando seguimos los Diez Mandamientos.

- **EXPLICAR** que Dios siempre está dispuesto a darnos otra oportunidad y un nuevo comienzo por medio de la Reconciliación.

- **ENSEÑAR** que Dios quiere que nos convirtamos en personas que saben tomar decisiones.

- ## Dice que va a rezar por ellos, y . . .
- ## Realmente lo hace.

BIENVENIDA

En su tiempo en la Tierra, Jesús predicó sirviendo y sirvió de maneras impactantes. Él lavó los pies de los discípulos, curó enfermos, alimentó a los hambrientos y dio su vida en la cruz.

Hoy Jesús le está pidiendo a usted que le predique a los niños por medio del servicio. Una de las maneras más importantes e impactantes en que usted puede servirles a ellos es por medio de la oración.

La noche antes de morir, Jesús rezó en voz alta. Rezó por sus discípulos, y por todos los futuros creyentes, incluyéndonos a nosotros. Rezó por unidad entre los creyentes y para que la Buena Nueva se propagara por todo el mundo.

Jesús nos enseña que los líderes servidores rezan por aquéllos confiados a su cuidado. Usted ha aceptado generosamente esta oportunidad para amar a estos niños, acompañarlos en su caminar, y darles una experiencia que les cambie la vida -con la genialidad del catolicismo- que ellos nunca olvidarán. Usted no puede hacer esto sin la oración.

Así que rece por sus estudiantes y por sus familiares. Déjeles saber que lo está haciendo. Nunca subestime el poder de la oración en su vida, en la vida de los niños y en la de sus familiares.

Icono Oración	**Leer y Explorar**	**Ver y Discutir**	**Muestra lo que Sabes**	**Diario con Jesús**	**Medidor de Tiempo**

ORACIÓN DE APERTURA

Paso a Paso

1 Introduzca la oración de apertura diciendo: "Tomemos un momento para tranquilizarnos, hacer silencio y abrirnos a dónde Dios quiera llevarnos hoy".

2 Hagan juntos la Señal de la Cruz, y lea la oración de apertura lentamente.

Dios vive en el ahora eterno; está invitándonos constantemente a sumergirnos en el momento presente para que podamos estar con Él.

Resistiendote a la Felicidad

Mis Notas:

_____
_____
_____
_____
_____
_____
_____

2

La-Mejor-Versión-de-Ti-Mismo

Dios nuestro, Padre amoroso,
gracias por todas las formas en que me bendices.
Ayúdame a estar consciente de que cada persona,
cada lugar, y cada aventura que experimento
es una oportunidad para amarte más.
Lléname con el deseo de cambiar y crecer,
y dame la sabiduría para escoger ser
la-mejor-versión-de-mí-mismo en
cada momento de cada día.

Amén.

2 minutos

sugerencia

Use el silencio a su favor. Realmente espere y procure silencio. Después de veinte o treinta segundos de silencio, que a ellos les parecerán una eternidad, y tal vez también a usted, empiece la oración. Le asombrará ver lo que un poco de silencio puede hacer por los chicos.

> La oración mental no es nada más que una amistad íntima, una conversación frecuente de corazón a corazón con el que sabemos que nos ama.
>
> Santa Teresa de Avila

Paso a Paso

1 Introduzca el primer episodio diciendo: "En este episodio veremos cómo Max se convierte en una persona que sabe tomar decisiones".

2 Vean el Episodio 1.

3 Pregúntele a los niños: "¿De qué maneras han ejercido su libre albedrío esta semana?".

Si se les dificulta responder, aquí tiene unos ejemplos para ayudarlos:

- AYUDÉ A MI AMIGO/A
- LE RECÉ A DIOS
- ESCUCHÉ A MI MAESTRO/A
- HICE MI TAREA
- LIMPIÉ MI HABITACIÓN
- COMÍ MIS VERDURAS
- ESCUCHÉ A MIS PADRES

La Felicidad y el Libre Albedrío

¡Dios te ha bendecido! Una de las bendiciones más grandes que Dios te ha dado es la habilidad para tomar decisiones. A esto lo llamamos libre albedrío.

El libre albedrío es el regalo que Dios nos da para permitirnos tomar nuestras propias decisiones. Cada vez que tomamos una decisión, Dios espera que escojamos lo que es bueno y correcto, y lo que nos ayude a convertirnos en la-mejor-versión-de-nosotros-mismos.

Dios te ha dado libre albedrío y quiere que te conviertas en una persona que sabe tomar decisiones. Eres joven y puede parecer que las personas siempre están diciéndote qué hacer. Mas tú ejerces tu libre albedrío de mil maneras diferentes cada día. ¿Cuáles son algunas maneras en las que has ejercido tu libre albedrío esta semana?

Mis Notas:

_____

_____

_____

_____

_____

_____

_____

Dios quiere enseñarte cómo tomar grandes decisiones y cómo hacer lo correcto porque quiere que seas feliz.

Hacer lo correcto es también una de las maneras de mostrar que amamos a Dios, al prójimo y que nos amamos a nosotros mismos. Dios quiere que tu amor sea grande y generoso. Quiere que seas bondadoso, amoroso, considerado, compasivo, servicial, y tolerante.

Aprende a decir sí con Dios. Esto quiere decir que antes de decir sí a cualquier cosa, te preguntes: ¿Querrá Dios que diga sí a esto? ¿Esto me ayudará a convertirme en la-mejor-versión-de-mí-mismo?

También aprende a decir no con Dios. Antes de decir no a cualquier cosa, pregúntate: ¿Querrá Dios que diga no a esto?

Di sí con Dios y di no con Dios, y tu amor a Dios y al prójimo será grande y generoso. Este es el camino hacia la felicidad.

5 minutos

_____
_____
_____
_____
_____
_____

Nuestro solo deseo y nuestra única opción deben ser éstos: Yo quiero y escojo lo que mejor me lleve a que Dios profundice su vida en mí.

San Ignacio de Loyola

VER Y DISCUTIR

Paso a Paso

1 Deles un momento para que exploren la ilustración. Alimente la capacidad de asombro de los participantes.

2 Introduzca el Episodio 2 diciendo: "En el próximo episodio, Ben, Sarah y Hemingway iemprenden una gran aventura!".

3 Vean el Episodio 2.

> **En nuestra vida llega un momento en que lo único que importa, es la voluntad de Dios.**
>
> Semillas de Mostaza

Tomando Decisiones

Una de las habilidades más prácticas que puedes desarrollar en la vida es convertirte en una persona que puede tomar decisiones. El Rey Salomón era llamado "Salomón el Sabio" porque sabía tomar decisiones.

Salomón tenía doce años de edad cuando se convirtió en rey, y estaba muy nervioso sobre cómo tomaría todas las decisiones que un rey necesita tomar. Una noche Dios se le apareció en un sueño, y le dijo que le daría cualquier cosa que pidiera. Salomón le pidió a Dios sabiduría.

Mis Notas:

_____

_____

_____

_____

_____

_____

_____

Dios quiere que tú también te conviertas en un gran tomador de decisiones.

Hemos hablado sobre cómo Dios quiere que te conviertas en la-mejor-versión-de-ti-mismo y vivas una vida santa. Pero esto no es posible, a menos que llegues a ser realmente bueno tomando decisiones.

Recuerda, Dios no espera que te conviertas en un sabio y aprendas a tomar grandes decisiones tu solo. Él te guiará. Una manera en que Dios nos guía es dándonos leyes. Dios nos da direcciones a seguir, las cuales están designadas a ayudarnos a vivir una vida feliz y santa, guiándonos para así tomar grandes decisiones.

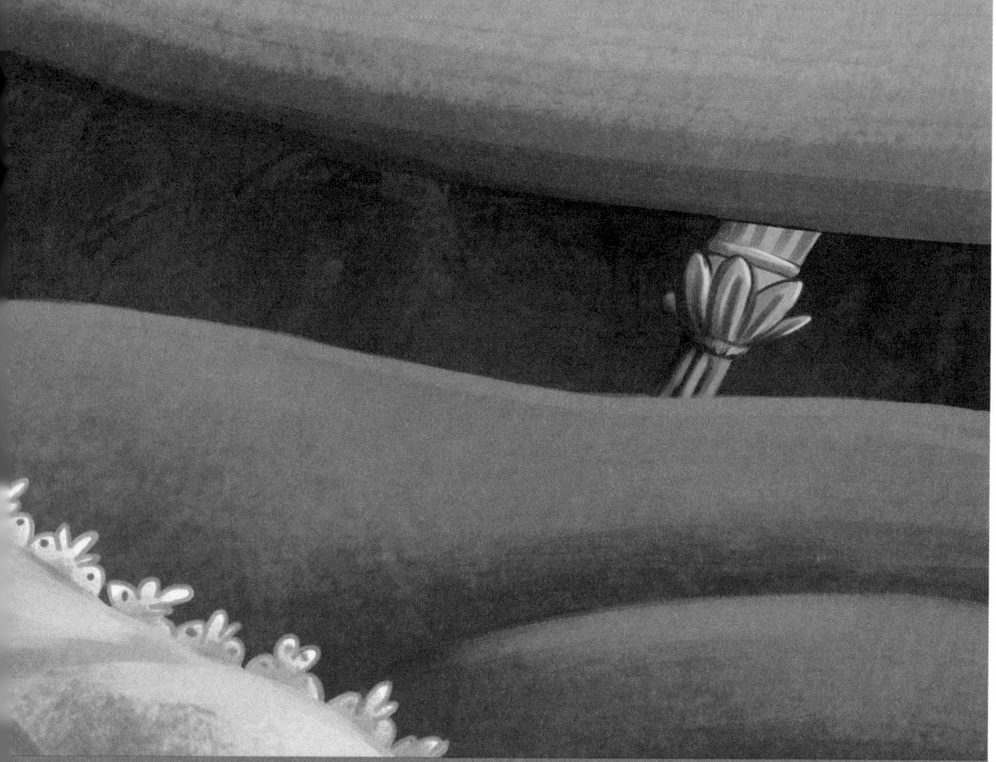

8 minutos

sugerencia

En Dynamic Catholic creemos que la belleza inspira a los niños. Con eso en mente, hemos hecho, intencionalmente, que cada ilustración sea una obra de arte. Pintadas y dibujadas a mano por un aclamado artista de niños, cada página está diseñada para provocar la capacidad de asombro en los niños. Cuando exploren cada página, puede ser que los estudiantes digan cosas como "¡Guauu!" o "¡Me gusta ésta!" o "¡Esto es realmente fantástico!" En esos momentos, no los desaliente; motívelos a continuar. Si se enamoran del libro, éste se convertirá en parte de ellos y hará que la experiencia de su Primera Reconciliación sea inolvidable.

Pidan y se les dará; busquen y hallarán; llamen y se les abrirá la puerta.

Mateo 7,7

LEER Y EXPLORAR

Paso a Paso

1 Lea el último párrafo en voz alta.

2 Enfatícele a sus estudiantes cómo Dios nunca se dará por vencido con su pueblo y siempre les dará otra oportunidad.

El Evangelio es inteligencia pura. Es la suprema visión del mundo, el manual espiritual más completo, y la mejor manera de vivir.

Vuelve a Descubrir a Jesús

La Mejor Manera de Vivir

Moisés fue un gran líder elegido por Dios para guiar a los israelitas a salir de la esclavitud en Egipto. Los israelitas eran el pueblo escogido de Dios, y Él los bendijo cuidándolos.

Dios ayudó a los israelitas a escapar de la esclavitud en Egipto dividiendo el Mar Rojo. Cuando el pueblo estaba hambriento, Él les envió una comida especial del Cielo llamada maná. Cuando estaban sedientos, hizo salir agua de una roca para que bebieran. Y Dios los guío a la Tierra Prometida, un país fabuloso lleno de alimentos y agua pura, donde podían vivir juntos como una gran familia.

Mis Notas:

_____

_____

_____

_____

_____

_____

_____

Pero en el camino, las personas se volvieron intranquilas y desagradecidas, empezaron a quejarse, y le volvieron la espalda a Dios de muchas maneras. También discutían entre ellas acerca de cuál era la mejor manera de vivir.

Sin embargo, Dios no se dio por vencido con su pueblo. Aunque le habían dado la espalda y habían pecado en su contra, y aunque no estaban siendo la-mejor-versión-de-sí-mismos, les dio otra oportunidad.

2 minutos

_____

_____

_____

_____

_____

_____

_____

sugerencia

La repetición es esencial para el aprendizaje. Un ejemplo de esto es aprender a montar en bicicleta. Cuando un niño/a está aprendiendo a montar en bicicleta, mientras más trate de hacerlo más reforzará en su cerebro la habilidad particular necesaria para permanecer balanceado/a y en movimiento. Después de repetirlo suficientemente, no tendrá que detenerse y pensar cómo hacerlo; simplemente la montará. Aún años más tarde, después de un largo período de tiempo sin montar bicicleta, es posible para esa persona subirse en una bicicleta sin problemas. Así de poderosa puede ser la repetición.

Si sus niños terminan solo recordando una cosa de la experiencia de su Primera Reconciliación, asegúrese de sea esto: Aún si ellos le dan la espalda a Dios, Él nunca los abandonará, nunca dejará de amarlos, siempre les dará otra oportunidad. Pregúnteles constantemente, "¿Alguna vez Dios los abandonará?" o "¿Alguna vez dejará Dios de amarlos?". Motívelos a responder "¡No!", en voz alta y con orgullo.

Use la repetición de una manera efectiva y los niños pasarán toda su vida sabiendo que Dios nunca los abandonará.

LEER Y EXPLORAR

Paso a Paso

1 Pregúntele a los niños: "Dios le habló a Moisés a través de una zarza ardiente—¿creen ustedes que Él todavía nos habla hoy en día?".

2 Si el tiempo lo permite, comparta una experiencia de cuando Dios le hablo a usted en su vida.

Dios nos habla de distintas maneras. Nos habla donde estamos y de manera que podamos comprender.

Semillas de Mostaza

Dios le Habla a Moisés

Dios invitó a Moisés a subir a una montaña muy alta como representante del pueblo. En la cima del Monte Sinaí le habló a Moisés a través de una zarza ardiendo. También le dio su ley escrita en dos tablas de piedra — los Diez Mandamientos.

Los Diez Mandamientos son una bendición que Dios le dio a su pueblo. Ellos nos ayudan a crecer en virtud, y a vivir una vida santa.

Mis Notas:

_____

_____

_____

_____

_____

_____

_____

La mejor manera de enseñar a los niños es comprendiéndolos primero. Ellos necesitan saber que uno los respeta y los valora, y ese es el mensaje que reciben cuando usted hace tiempo para hablarles y aprender de ellos como personas. Averigüe cuáles son sus intereses, su temperamento, y su estilo de aprendizaje. Descubra qué los motiva, como aprenden mejor, sus habilidades y talentos, y las dificultades que afectan su vida diariamente. Con este conocimiento usted podrá enseñarles de una manera que capitaliza sus fortalezas y fortalece su autoconfianza.

No es difícil obedecer cuando amamos al que obedecemos.

San Ignacio de Loyola

LEER Y EXPLORAR

Paso a Paso

1 Pregunte: ¿Cuál de los Mandamientos es, para ustedes, el más difícil de cumplir?" Por si le es útil, aquí le compartimos una manera distinta de describir los Diez Mandamientos.

1. SÓLO DIOS PUEDE SER DIOS.

2. SÓLO ES ESTÁ BIEN DECIR "DIOS" SI SE ESTÁ REZANDO. EVITAR DECIR COSAS COMO "OH DIOS MÍO".

3. ASISTIR A MISA LOS DOMINGOS.

4. ESCUCHAR A TUS PADRES Y RESPETAR A TODOS LOS ADULTOS.

5. RESPETAR TODA VIDA.

6. CUMPLE TUS PROMESAS CON DIOS Y CON LOS DEMÁS.

7. SI NO ES TUYO, NO LO TOMES SIN PERMISO.

8. NO MIENTAS NI HABLES MAL DE OTRAS PERSONAS.

9. SE FELIZ CON QUIÉN ERES Y CON LO QUE TIENES.

10. NO TENGAS CELOS DE LO QUE OTRAS PERSONAS TIENEN.

Los Diez Mandamientos

Los Diez Mandamientos nos muestran la mejor manera de vivir, y son tan importantes hoy como lo fueron hace miles de años cuando Moisés los trajo del Monte Sinaí. Nos indican el camino de la sabiduría, y llevan a toda la humanidad hacia la paz, la armonía, la alegría, y la santidad.

Siempre somos más felices cuando andamos en los caminos de Dios, cuando obedecemos sus leyes.

¿Cuáles son los Diez Mandamientos?

1. **Amarás a Dios sobre todas las cosas.**

2. **No tomarás el Nombre de Dios en vano.**

3. **Santificarás las fiestas.**

4. **Honrarás a tu padre y a tu madre.**

5. **No matarás.**

6. **No cometerás actos impuros.**

7. **No robarás.**

8. **No dirás falso testimonio ni mentirás.**

9. **No consentirás pensamientos ni deseos impuros.**

10. **No codiciarás los bienes ajenos**

¿Qué mandamiento te resulta más difícil guardar?

Mis Notas:

_____

_____

_____

_____

_____

_____

_____

7 minutos

El mundo les ofrece comodidad, pero ustedes no fueron hechos para la comodidad, fueron hechos para la grandeza.

Papa Benedicto XVI

VER Y DISCUTIR

Paso a Paso

1 Introduzca el Episodio 3 diciendo: "En este episodio van a aprender por qué Dios envió a Jesús a la Tierra".

2 Vean el Episodio 3.

3 Pregúntele a los niños: "¿Por qué envió Dios a su Hijo Jesús a la Tierra?".

Si ninguno puede dar una respuesta, anímenlos a volver a leer en voz alta: Dios envió a su único Hijo, Jesús, para salvar a las personas de sus pecados y de su confusión, y mostrarles la mejor manera de vivir.

Servir a los demás es el camino más seguro hacia la felicidad en este mundo, y hacia descubrir quién eres y para qué estás aquí.

Momento Decisivo

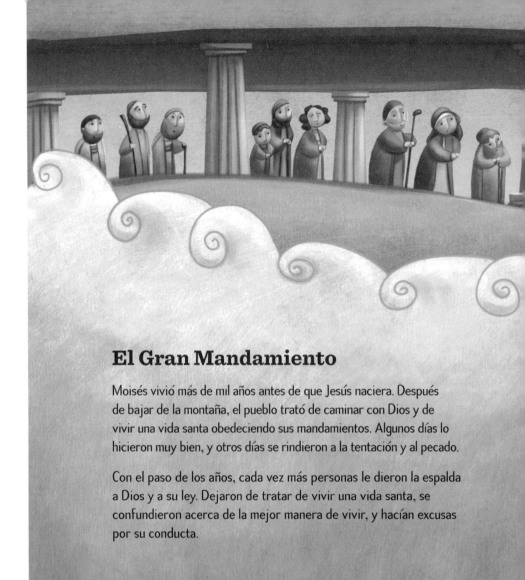

El Gran Mandamiento

Moisés vivió más de mil años antes de que Jesús naciera. Después de bajar de la montaña, el pueblo trató de caminar con Dios y de vivir una vida santa obedeciendo sus mandamientos. Algunos días lo hicieron muy bien, y otros días se rindieron a la tentación y al pecado.

Con el paso de los años, cada vez más personas le dieron la espalda a Dios y a su ley. Dejaron de tratar de vivir una vida santa, se confundieron acerca de la mejor manera de vivir, y hacían excusas por su conducta.

Mis Notas:

_____

_____

_____

_____

_____

_____

_____

Mas Dios todavía amaba a su pueblo. De modo que cuando el momento apropiado llegó, envió a su único hijo, Jesús, para salvar a la gente de sus pecados y de su confusión y mostrarles la mejor manera de vivir.

Un día, Jesús estaba en la sinagoga escuchando y enseñando, cuando alguien le preguntó: "Maestro, ¿cuál es el mandamiento más importante de la ley?" Jesús respondió, "Amarás al Señor tu Dios con todo tu corazón, con toda tu alma, y con toda tu mente. Este es el gran mandamiento. Y el segundo es: Amarás a tu prójimo como a ti mismo" (Mateo 22,36–40).

6 minutos

> La caridad es, con certeza, más grande que cualquier regla. Más aún, todas las reglas deben llevar a la caridad.
>
> San Vicente de Paúl

Paso a Paso

1 Lea los dos primeros párrafos en voz alta.

2 Utilice la dinámica de "llamada y respuesta" para captar la atención de los estudiantes:

Llamada (Ll): "trataré"

Respuesta (R): trataré

Ll: "a los otros"

R: a los otros

Ll: "como quiero"

R: como quiero

Ll: "ser tratado"

R: ser tratado

> Cuando se convierten en una antorcha encendida por el amor a Cristo, toda persona y todo lugar que ustedes toquen se encenderá.
>
> Semillas de Mostaza

Ámense los Unos a los Otros

Si amamos a Dios con todo nuestro corazón, con toda nuestra alma, y con toda nuestra mente, cada día debemos tratar de convertirnos en la-mejor-versión-de-nosotros-mismos, de vivir una vida santa y de obedecer los mandamientos de Dios.

Jesús quería que todos supieran que no es suficiente simplemente decir que amamos a Dios. Él quería que supiéramos que una de las maneras más poderosas de mostrarle a Dos que lo amamos es amando al prójimo. Jesús siempre estaba defendiendo a las personas que no podían defenderse. Y nos enseña a tratar a los demás como queremos ser tratados.

Dios está tratando constantemente de mostrarnos la mejor manera de vivir. Le dio los Diez Mandamientos a Moisés para compartirlos con nosotros de modo que pudiéramos vivir una vida santa. Envió a Jesús para aclarar la confusión acerca de lo que está bien y lo que está mal. Después que Jesús murió, resucito de entre los muertos, y ascendió al Cielo, Dios Padre envió el Espíritu Santo para guiarnos. También nos ha dado la Biblia y la una iglesia que es Santa, Católica y Apostólica, para ayudarnos a responder las preguntas que tengamos a lo largo del camino.

Recuerda que estás caminando con Dios. A lo largo del camino vas a tener muchas preguntas. Eso está bien. Todos tenemos preguntas en nuestro camino con Dios. Dentro de poco, hablaremos sobre qué hacer cuando no sepas qué hacer.

Mis Notas:

_____

_____

_____

_____

_____

_____

_____

2 minutos

sugerencia

Tomen un momento para preguntarle a sus estudiantes si ellos tienen alguna pregunta. Si tienen preguntas y usted no sabe la respuesta, asegúrese de escribir la pregunta y comenzar la clase siguiente dando la respuesta. Estar dispuesto/a a decir "no sé", puede tener un gran impacto en los niños. Eso les muestra que ellos no siempre tienen que saberlo todo. El aprendizaje continuo es una parte importante del camino de la vida. Sí además de decir "no sé la respuesta" usted también les dice que la buscará y usted realmente la trae la próxima clase; esto les dirá a sus niños que usted respeta sus preguntas y, por tanto, los respeta a ellos. Como consecuencia ellos se animarán a hacer más preguntas y se creará un ambiente de descubrimiento.

No todos Podemos ayunar, o emprender jornadas arduas en el servicio de Dios, o dar limosnas generosas, pero todos podemos amar. Todo lo que toma es el sincero deseo de hacerlo.

San Juan Bosco

VER Y DISCUTIR

Paso a Paso

1 Introduzca el Episodio 4 diciendo: "Este episodio es más largo que los anteriores. Cuando lo vean, busquen a Hemingway cuándo trata de comerse un plato de pastelitos sin permiso de Sarah".

2 Vean el Episodio 4.

> Sean amables consigo mismos, sean amables con el prójimo, y nunca cesen de luchar por ser todo lo que Dios los creó para ser: la-mejor-versión-de-ustedes-mismos.
>
> Resistiendote a la Felicidad

Tentación, Pecado, y Gracia

Aunque Dios está tratando constantemente de mostrarnos la mejor manera de vivir, de vez en cuando somos tentados a alejarnos de su camino.

¿Qué es la tentación? Es el deseo de hacer algo que no es prudente o incorrecto.

Experimentamos la tentación de mil maneras. A veces viene en forma de pensamientos.

Mis Notas:

_____

_____

_____

_____

_____

_____

_____

Podemos pensar, "Quizás debería copiar la tarea de mi amigo y así no tendría que hacerla yo". A veces nuestros amigos nos llevan a la tentación. Uno de ellos puede decir, "Vamos al parque sin decírselo a nuestros padres". Y algunas veces nosotros llevamos a otras personas a la tentación sugiriendo cosas que no las ayudan a convertirse en la-mejor-versión-de-sí-mismas.

Sabemos en nuestro corazón que estas cosas están mal. ¿Cuándo fue la última vez que tuviste la tentación de hacer algo que sabías que no estaba bien?

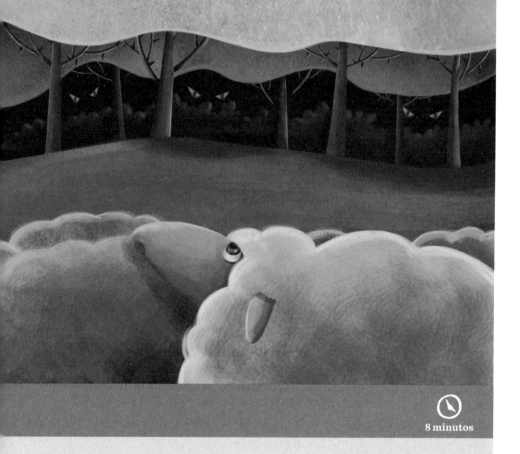

8 minutos

sugerencia

Están a punto de pasar varias páginas que hablan sobre la tentación y el pecado. Hablar sobre estos temas puede llevar a la negatividad. No deje que los niños pierdan de vista el camino completo. Todos pecamos de vez en cuando, pero eso es solo una pieza del rompecabezas. El contexto general es que todos, es decir: usted, el párroco, su familia, la Iglesia, y Dios, están aquí para ayudarlos a vivir de la mejor manera posible. Siéntase libre de recordarles este punto cada vez que sea necesario.

Tengan paciencia con todo, pero principalmente con ustedes mismos. No pierdan el valor al considerar sus imperfecciones sino, al instante, prepárense a redimirlas— empezando de nuevo cada día.

San Francisco de Sales

LEER Y EXPLORAR

Paso a Paso

1 Pídale a un voluntario que lea la oración sobre la tentación en voz alta.

2 Pregunte: "¿Cuándo es un gran momento para rezar?".

- ANTES DE LAS COMIDAS
- ANTES DE ACOSTARSE
- EL DOMINGO EN LA IGLESIA
- ANTES DE TOMAR UNA DECISIÓN
- EN MOMENTOS DE TENTACIÓN

Coloquen la oración en el centro de su vida y cosas maravillosas empezarán a pasar.

Momento Decisivo

Venciendo la Tentación

La mejor manera de lidiar con la tentación es volvernos a Dios en oración y pedirle ayuda.

La oración es una conversación con Dios. No es algo que sólo hacemos antes de comer, o el domingo en la Iglesia, o en la noche antes de acostarnos. Todas éstas son maneras importantes de rezar, pero Dios quiere que hables con él durante el día. En cualquier momento del día, si tienes que tomar una decisión, es un gran momento para volverte a Dios en oración. Pídele que te guíe para tomar la mejor decisión.

Mis Notas:

_____

_____

_____

_____

_____

_____

_____

_____

Dios siempre quiere ayudarte a tomar la decisión correcta. Él te ha dado el libre albedrio para que puedas decir sí o no a cosas, pero quiere que lo uses para tomar buenas y sabias decisiones. Sobre todo, Dios te ha dado el libre albedrío para que puedas amar.

Algunas de las decisiones que tomas te ayudan a convertirte en la-mejor-versión-de-ti-mismo, y otras no. Algunas decisiones que tú tomas ayudan a otras personas a convertirse en la-mejor-versión-de-sí-mismas, y otras no. Dios quiere que siempre escojas la-mejor-versión-de-ti-mismo/a, y que ayudes a los demás a convertirse en todo para lo que Él los creó.

Miremos juntos un ejemplo.

Estás tomando un examen y no sabes la respuesta a una pregunta. Puedes tener la tentación de hacer trampa mirando la respuesta de otra persona. Mas hacer trampa no te ayudará a convertirte en la-mejor-versión-de-ti-mismo.

Vamos a rezar juntos ahora mismo sobre la tentación.

> **Señor, en cualquier momento
> que me sienta tentado a hacer
> algo que está mal y que no me
> ayude a convertirme en la-mejor-
> versión-de-mí-mismo/a, por favor,
> inspírame para escoger
> lo que es bueno y correcto.**
>
> **Amén.**

2 minutos

sugerencia

¿Por qué hablamos de la oración dentro de una discusión acerca de la tentación, el pecado, y la gracia? La respuesta es sencilla: La vida cristiana es insostenible sin la oración. Tome un momento y piense en su propia vida. ¿Cuántos dolores y sufrimientos se podría haber evitado si le hubiera consultado a Dios al tomar una decisión o en momentos de tentación?

Usted tiene una gran oportunidad frente a sus ojos. La mayoría de las personas crece creyendo que el único momento en el que se puede rezar es antes de las comidas, antes de acostarse, o en la iglesia el domingo. ¡Eso es una tragedia! Usted puede cambiar eso para sus niños. Aliéntelos a rezar todos los días y durante todo el día, y les estará dando un regalo de valor incalculable.

Nada se iguala a la oración; porque lo que es imposible, lo hace posible.

San Juan Crisóstomo

LEER Y EXPLORAR

Paso a Paso

1 Pídale a los niños exploren la ilustración. Ella representa la escena de los Evangelios referente al arresto de Jesús en el Huerto de Getsemaní.

2 Hagan una pausa para estirarse. A esta edad, los niños tienden a ponerse inquietos y cuando esto pasa pierden la concentración. Pídales que se pongan de pie, estiren las piernas, y sacudan la intranquilidad.

Dentro de cada uno de nosotros hay una voz suave. Tenemos que aprender a escuchar esa voz suave dentro de nosotros. Sólo entonces tendremos la paz que todos buscamos.

El Ritmo de la Vida

¿Qué es el Pecado?

Dios tiene un plan maravilloso para ti y para tu vida. Como Padre amoroso, quiere que te conviertas en la-mejor-versión-de-ti-mismo viviendo una vida santa.

Algunas veces cuando estás pensando tomar una decisión que sabes que no debes tomar, te entra una persistente sensación de asco en la boca del estómago. Esa sensación es la-mejor-versión-de-ti-mismo o tu conciencia, diciendo, "¡No, no, no! ¡No lo hagas! ¡Esta decisión no es buena para ti!"

Unas veces escuchas esa voz, te detienes y tomas una decisión mejor. Pero otras, sigues y tomas la decisión mala de todas maneras. ¿Qué le pasa a esa sensación de asco en tu estómago? Se empeora porque . . . ¡Has pecado en contra de Dios!

Cuando a propósito tomas una mala decisión, has pecado. Cuando pecas, tu rompes con los mandamientos de Dios escogiendo una acción que te aleja de Él. Unos pecados lastiman nuestra relación con Dios; éstos son llamados pecados veniales. Otros rompen nuestra relación con Dios; y son llamados pecados mortales.

Mis Notas:

_____

_____

_____

_____

_____

_____

_____

sugerencia

Si usted está siguiendo el formato sugerido de 90 minutos, este episodio marca aproximadamente la mitad de la sesión. Es un buen momento para hacer un breve descanso. Si está atrasado/a, revise rápidamente lo que le hace falta y vea cómo puede ponerse al día. Si va adelantado/a, busque en los próximos 45 minutos una oportunidad para generar una conversación interesante con el grupo. Si va a tiempo, ¡siga adelante!

3 minutos

No todos los santos empezaron bien, pero todos terminaron bien.

San Juan Vianney

LEER Y
EXPLORAR

Paso a Paso

1 Escoja a un estudiante diferente para leer cada párrafo en voz alta.

Una vez que lo encontramos, el perdón libera. Te libera de llevar la cuenta de tus errores y de recordar lo malo. Te impulsa hacia una nueva manera de vivir más profunda. Una vida de gracia. Una vida de segundas oportunidades.

Everybody Needs
To Forgive Somebody

La Gracia de Dios

Pero no todo lo que nos hace sentir apenados o avergonzados es pecado. Los errores, los accidentes pueden hacernos sentir así también. Vamos a ver un ejemplo juntos.

Tal vez vuelcas la leche en el desayuno. Esto es un accidente, no un pecado. O quizás tropiezas con un juguete de tu hermana y lo rompes. Esto es un accidente, no un pecado. Quizás te equivocaste al responder alguna pregunta en tu examen de Matemáticas o deletreando en una prueba. Esto es un error, no un pecado.

Mis Notas:

_____

_____

_____

_____

_____

_____

_____

Los accidentes y los errores ocurren. Lo que Dios quiere es que evitemos el pecado intencional, tomando buenas decisiones y guardando sus mandamientos.

La mejor manera de tratar el pecado es ir a la Reconciliación — confesarse. Cuando tu cuerpo se enferma, vas al médico y te ayuda a mejorarte. Cuando tu alma se enferma debido al pecado, vas a la Reconciliación y el sacerdote te ayuda a mejorar.

Dios perdona nuestros pecados por medio de la Reconciliación, y además nos da la gracia para ayudarnos a evitar el pecado en el futuro.

¿Qué es la gracia? Es la ayuda que Dios nos da para hacer lo que está bien y correcto.

La gracia de Dios nos ayuda a convertirnos en la-mejor-versión -de-nosotros-mismos, a crecer en virtud. Nos ayuda a vivir una vida santa. Nos ayuda a tener relaciones saludables. Nos permite compartir en su vida y en su amor.

🕐 5 minutos

sugerencia

Con frecuencia, las diferencias entre accidentes, errores, y pecado pueden causar confusión. Anime a sus estudiantes a hacer preguntas y a explorar las diferencias entre accidentes y pecado. No pierda de vista el punto principal: la gracia de Dios nos ayuda a evitar el pecado y a hacer lo que es bueno y correcto.

La gracia no es una sustancia rara y mágica que sutilmente se filtra en nuestra alma para actuar como una clase de penicilina espiritual. La gracia es unidad, unidad dentro de nosotros mismos, unidad con Dios.

Tomás Merton

VER Y DISCUTIR

Paso a Paso

1 Introduzca el Episodio 5 diciendo: "En este episodio, Ben entra en el mundo bíblico para aprender cómo Adán y Eva manejaron la tentación".

2 Vean el Episodio 5.

La única manera de decir no a algo es teniendo un sí más profundo.

El Ritmo de la Vida

De la Biblia: Adán y Eva

A veces usamos nuestro libre albedrío de maneras que son buenas, y otras de maneras que nos hacen daño y dañan a otras personas. Esto es algo que descubrieron los primeros seres humanos. ¿Quiénes fueron los primeros seres humanos?

Adán y Eva.

Dios amó a Adán y a Eva tanto que los bendijo con el libre albedrío. Les dio un mundo hermoso en que vivir y tenían todo lo que necesitaban.

Mis Notas:

_____

_____

_____

_____

_____

_____

_____

Porque los amaba tanto, les advirtió, "No toquen el árbol que está en medio del jardín ni coman de él, porque si lo hacen ¡morirán!"

Es importante comprender que la razón por la que Dios no quería que comieran el fruto era porque los amaba mucho y no quería que se hicieran daño.

Un día, Adán y Eva estaban en el medio del jardín, cerca del árbol prohibido con el fruto prohibido.

3 minutos

sugerencia

Reflexionar sobre uno mismo siempre lleva a mejorar. Después de tratar algo nuevo, pregúntese, "¿Qué funcionó acerca de esto? ¿Por qué? ¿Qué podría ser diferente?". No se preocupe, si algo no funciona inicialmente de la manera planeada. Aprender haciendo es muy efectivo, y reflexionar sobre esto le permite mejorar.

> **Para Jesús, no hay países que conquistar, ni ideologías que imponer, ni pueblos que dominar. Sólo hay niños, mujeres y hombres que amar.**
>
> Henri Nouwen

LEER Y EXPLORAR

Paso a Paso

1 Denle a los estudiantes un tiempo para que exploren la ilustración. Hágales preguntas provocadoras: "¿Por qué piensan que Eva luce tan triste?". "¿Qué les parece que Adán está pensando en esta imagen?". "¿La serpiente luce como alguien bueno o malo?".

Una serpiente vino y empezó a hablarles. La serpiente les dijo, "Deben comer la fruta".

"No, no podemos", dijo Eva.

"¿Por qué no?", preguntó la serpiente.

"Si la comemos ¡moriremos!" Eva explicó.

"No, no morirán", dijo la serpiente.

En ese momento, Adán y Eva empezaron a dudar de todas las cosas buenas que Dios había hecho por ellos y les había dicho.

El perdón está en el centro del corazón de Dios, está en el centro de esta historia, y es central para el cristianismo.

Vuelve a Descubrir a Jesús

Mis Notas:

_____

_____

_____

_____

_____

_____

_____

Entonces, Eva tomó la fruta y la comió. Le dio un poco a Adán, y él también la comió.

En seguida se dieron cuenta de que habían cometido un error terrible, y los entristeció. Esta es la historia del pecado original y la tentación. Original quiere decir "primero" (Adaptado de Génesis 3,1–7).

Adán y Eva experimentaron la tentación y el pecado, y también tú y yo. Ellos tomaron una mala decisión. Dios quiere enseñarnos cómo tomar buenas decisiones para que podamos vivir una vida rica, plena y feliz en este mundo — y vivir con Él en el Cielo eternamente felices.

2 minutos

sugerencia

Nuestro Dios es un Dios de sorpresas. Él quiere darle regalos que ni siquiera se ha imaginado. Él quiere darle regalos que usted ni siquiera ha pedido por que usted no sabe que importantes son y no sabe cuánto los necesita, pero Dios, el Padre supremo, quiere dárselos. La Biblia es uno de ellos. La Biblia es nueva cada vez que la leemos; no porque cambie, sino porque nosotros cambiamos. Dejen que la Biblia se vuelva una gran compañera en su vida y en la vida de sus niños.

Cada suceso, grande y pequeño es una parábola por medio de la cual Dios nos habla, y el arte de la vida es obtener el mensaje.

Malcolm Muggeridge

57

VER Y DISCUTIR

Paso a Paso

1 Introduzca el Episodio 6 preguntando: "¿Pueden pensar en un momento en el que tuvieron una sensación desagradable dentro de ustedes? "¿Qué sería lo que sus conciencias querían decirles?".

2 Vean el Episodio 6.

> **Todo tiene sentido al relacionarlo con el sueño de Dios. Cuando sentimos que la vida no tiene sentido, usualmente es porque hemos perdido de vista la visión de Dios para nuestra vida.**
>
> Momento Decisivo

Sigue Tu Conciencia

Hemos estado explorando algunas de las muchas maneras en que Dios te ha bendecido. La vida es la bendición más grande. El libre albedrío es otra bendición fabulosa. Ambas conllevan una gran responsabilidad.

Para ayudarte a convertirte en la-mejor-versión-de-ti-mismo y a vivir una vida santa, Dios también te ha bendecido con una conciencia. La conciencia es la suave voz que en tu interior te anima a hacer el bien y a evitar el mal. Dios nos habla por medio de nuestra conciencia. Tu conciencia te anima a convertirte en la-mejor-versión-de-ti-mismo. También te advierte cuando estás pensando hacer algo que ofenderá a Dios y te hará infeliz.

Mis Notas:

_____

_____

_____

_____

_____

_____

_____

Mientras más escuchemos la voz de nuestra conciencia y obedezcamos lo que nos dice, más fácil se vuelve oírla. Al principio puede ser difícil seguir la voz de nuestra conciencia. Muchas cosas son difíciles al principio. Pero no te des por vencido. Sigue tratando. Nunca dejes de tratar. Dios nunca se da por vencido contigo, y tú nunca debes darte por vencido contigo mismo.

Seguir nuestra conciencia nos hace felices. Ignorarla nos hace sentir intranquilos e infelices.

¿Sabes lo que es arrepentimiento? Es algo que deseas no haber hecho. Todos tus arrepentimientos provienen de ignorar nuestra conciencia.

Algunas veces estás pensando hacer algo, pero te entra esa sensación de asco dentro de ti y oyes una vocecita en tu interior aconsejándote que no lo hagas. Esa es tu conciencia. Si ignoras tu conciencia y haces eso, esa sensación de asco se profundizará en tu corazón y en tu alma. Pero si la escuchas y haces lo correcto, te alegrará haberlo hecho y te llenará de gozo.

Sigue tu conciencia. Nunca te arrepentirás de haberlo hecho.

7 minutos

sugerencia

¿Por qué es tan importante comprender lo que nuestra conciencia es y el papel que juega en nuestra vida? Bueno, todo el drama de la vida de una persona puede comprenderse examinando la tensión entre "la persona que soy" y "la persona que debo ser". Cuando olvidamos que Dios quiere que vivamos una vida santa, nos desorientamos. Cuando perdemos de vista la gran Estrella Espiritual del Norte, nos perdemos y nos confundimos. Todo debe ser ponderado con el camino en mente y la meta a la vista. Así, la pregunta que debe estar consistentemente presente en de la vida de estos niños es: "¿Lo que estoy a punto de hacer me ayudará a convertirme en la-mejor--versión-de-mí-mismo/a?".

No deseen ser sino lo que son, y traten de serlo de una manera perfecta.

San Francisco de Sales

LEER Y EXPLORAR

Paso a Paso

1 Solicite cuatro voluntarios para que lean las sugerencias para tomar una gran decisión.

2 Comparta una historia personal de cuando usted tuvo que que tomar una decisión realmente difícil y no estaba seguro/a de qué hacer. ¿Tomó la decisión correcta? ¿Utilizó alguna de las cuatro sugerencias? Si lo hizo, ¿cómo le ayudó?

Pídanle al Espíritu Santo que los guíe y los aconseje— y terminarán tomando mejores decisiones.

Momento Decisivo

Cuando No Sabes qué Hacer

En nuestra vida habrá veces en las que no estemos seguro de qué hacer. Cuando te enfrentes con una decisión y no estés seguro de qué hacer, aquí tienes unas sugerencias para ayudarte a tomar una buena decisión.

1. Encuentra un lugar silencioso y tomate unos minutos para escuchar a tu conciencia. Pregúntate: ¿Qué está mi conciencia animándome a hacer?

2. Piensa en los Diez Mandamientos. Pregúntate: ¿Los Diez Mandamientos me ayudan a ver claramente lo que debo hacer en esta situación?

3. Pídele consejo a tus padres, a tu sacerdote, a tu catequista, o a tu maestro.

4. Rézale al Espíritu Santo y pídele que te ayude a tomar la mejor decisión.

Mis Notas:

_____

_____

_____

_____

_____

_____

_____

Nadie es perfecto. Habrá momentos en los que le darás la espalda a Dios y a su manera de hacer las cosas. Habrá momentos en los que abandonarás la-mejor-versión-de-ti-mismo. Habrá momentos en los que vivirás una vida egoísta en lugar de una vida santa.

Cuando eso pase, reconócelo. No te desanimes. Ve a la Reconciliación y empieza de nuevo. Nuestro Dios es un Dios de segundas oportunidades. ¡Alabado sea Dios! Todos necesitamos otra oportunidad de vez en cuando, y Dios siempre está dispuesto a darnos otra oportunidad y un nuevo comienzo. Esa es justo una de las muchas razones por las que Dios nos da el increíble regalo de la Reconciliación.

5 minutos

_____
_____
_____
_____
_____
_____
_____
_____

sugerencia

La imagen de Dios que estos niños desarrollen durante su Primera Reconciliación tiene el potencial de durar toda la vida. Tome esto seriamente. Recuérdeles constantemente que están aprendiendo acerca de un Dios amoroso y misericordioso.

Les ruego—nunca, jamás, se den por vencidos sobre la esperanza, nunca duden, nunca se cansen, y nunca se desalienten. No teman.

St. John Paul II

MUESTRA LO QUE SABES

Paso a Paso

1 Pídale a los niños que completen la hoja de actividades ellos solos, con un compañero/a, o en grupo.

2 Luego de tres minutos, pregúntele a la clase: "¿Tienen dificultades con alguna pregunta?".

3 Brevemente explique la respuesta a la pregunta y muéstreles en su libro de actividades la página en donde pueden encontrar la respuesta.

Los católicos han estado haciendo contribuciones increíbles al mundo por 2,000 años. ¿Cuál será su contribución?

Momento Decisivo

Muestra lo que Sabes

Verdadero o Falso

1. __T__ Siempre somos más felices cuando andamos por el camino de Dios. (p 40)

2. __F__ Si amamos a Dios con todo nuestro corazón, con toda nuestra alma, y con toda nuestra mente no lo escucharemos. (p 44)

3. __F__ Una de las maneras más poderosas de mostrarle a Dios que lo amamos es siendo malos con el prójimo. (p 44)

4. __T__ Dios está tratando constantemente de mostrarnos la mejor manera de vivir. (p 44)

5. __T__ Dios tiene un plan maravilloso para ti y para tu vida. (p 50)

Llena los Espacios en Blanco

1. Dios quiere que te conviertas en un gran **tomador de decisiones**. (p 57)

2. Una de las grandes bendiciones que Dios te ha dado es la habilidad para tomar **decisiones**. (p 32)

3. Dios te quiere tanto que te bendice con el **libre albedrío**. (p 54)

4. La mejor manera de tratar el pecado es ir a la **Reconciliación**. (p 48)

Mis Notas:

_____

_____

_____

_____

_____

_____

_____

5. Guiándonos para que tomemos grandes decisiones, las leyes de Dios están designadas a ayudarnos a vivir una vida _____feliz_____ y _____santa_____. (p 35)

6. El camino a la felicidad comienza diciendo _____sí_____ con Dios y _____no_____ con Dios. (p 33)

7. La mejor manera de manejar la tentación es volverte a Dios en _____oración_____ pedirle que te ayude. (p 49)

8. Seguir nuestra conciencia nos hace _____feliz_____ y el ignorar nuestra conciencia nos hace intranquilos e _____infeliz_____. (p 59)

9. La _____gracia_____ de Dios nos ayuda a convertirnos en la-mejor-versión-de-nosotros-mismos. (p 53)

10. Nuestro Dios es un Dios de _____segundas_____ oportunidades. (p 61)

Lista de Palabras

ORACIÓN	SANTA
FELIZ	LIBRE ALBEDRÍO
SÍ	NO
GRACIA	RECONCILIACIÓN
TOMADOR DE DECISIONES	FELIZ
SEGUNDAS	DECISIONES
TENTACIÓN	INFELIZ

10 minutos

La alegría es una red de amor con la que pescamos almas.

Santa Teresa de Calcuta

DIARIO CON JESUS

Paso a Paso

1. Inviten a sus niños a escribirle una carta a Jesús.

2. Pídale a los niños que permanezcan en silencio mientras escriben su diario.

3. Sí usted lo desea puede poner música tranquila de fondo, para ayudar a crear un ambiente propicio a la reflexión y motivar a los estudiantes a permanecer en silencio y enfocados en su diario con Jesús.

Ustedes tienen una mezcla única de talentos y habilidades que son perfectamente adecuadas para llevar a cabo cualquier misión que Dios les ha asignado en esta Tierra.

Momento Decisivo

Mis Notas:

_____

_____

_____

_____

_____

_____

_____

Diario con Jesús

Querido Jesús,

Yo soy la-mejor-versión-de-mí-mismo/a cuando . . .

_____

_____

_____

_____

_____

_____

_____

_____

5 minutos

_____

_____

_____

_____

_____

_____

_____

Recuerden que sólo tienen un alma. Que sólo tienen que morir una muerte. Que sólo tienen una vida, que es corta y tiene que ser vivida por ustedes solos, y que hay una gloria, que es eterna. Si lo hacen, habrá muchas cosas grandes que no les importarán. Santa Teresa de Ávila.

Santa Teresa de Avila

ORACION FINAL

Paso a Paso

1 Introduzca el Episodio 7 diciendo: "Este es el momento de la Oración Final, vamos a hacer silencio y a prepararnos para rezar con Ben".

2 Vean el Episodio 7.

3 Pregúntele a los niños: ¿Cuáles son las cosas más importantes que han aprendido en esta sesión?"

- SIEMPRE SOY MÁS FELIZ CUANDO CAMINO CON DIOS.
- ¡DIOS NUNCA ME ABANDONARÁ!
- DIOS QUIERE QUE APRENDA A TOMAR BUENAS DECISIONES.

Dios obra de maneras impactantes a través de sus Mandamientos.

Momento Decisivo

Oración Final

A lo largo de la Biblia leemos sobre ángeles ayudando a personas. Hay tres Arcángeles a quienes Dios también ha dado gran poder. Sus nombres son Miguel, Gabriel, y Rafael. La Iglesia también nos enseña que Dios le ha asignado un ángel a cada persona — incluyéndote a ti. Llamamos a este ángel tu Ángel de la Guarda.

Tu Ángel de la Guarda está ahí para guiarte y protegerte. La Iglesia nos invita a rezarle esta oración especial a nuestro Ángel de la Guarda:

> Ángel de mi guarda, dulce compañía
> no me desampares ni de noche ni de día.
> Ángel de Dios, que eres mi custodio,
> ilumíname, guárdame, rígeme y gobiérname en este día.
>
> Amén.

Esta es una gran oración para empezar el día. También es una gran oración cuando tenemos miedo. Hasta puedes darle un nombre a tu Ángel de la Guarda, para que puedas hablar con él o ella durante el día.

Mis Notas:

_____

_____

_____

_____

_____

_____

_____

3 minutos

sugerencia

Dele las gracias a sus niños por venir. Nunca deje de hacerlo. Dígales que disfruta el tiempo que pasa con ellos. Identifique un momento de la clase que para usted fue muy impactante y coménteselos. Recuérdeles que usted los tiene en sus oraciones.

Sé quién eres y hazlo bien.

San Francisco de Sales

3

Dios Envió a Jesús para Salvarnos

GUÍA RÁPIDA DE LA SESIÓN

Oración de Apertura . . . . 2 min

Ver y Discutir; Leer y Explorar . . . . 68 min

Muestra lo que Sabes . . . . 10 min

Diario con Jesús . . . . 5 min

Oración Final . . . . 5 min

OBJETIVOS

- **DEMOSTRAR** que nuestra historia y la de Jesús están conectadas.

- **EXPLICAR** que Dios llega a extremos inimaginables para probar su amor por nosotros.

- **ENSEÑAR** que Jesús nos invita a una relación personal y dinámica con Él para poder compartir su felicidad con nosotros y que nosotros podamos compartirla con los demás.

- # Salude a los niños en la puerta.

- # Déjeles saber que usted está entusiasmado/a porque ellos van a descubrir a Jesús.

BIENVENIDA

Si hay una persona que cada uno de nosotros debe llegar a conocer de una manera profundamente personal, es Jesús.

Es precisamente por eso que su labor es ¡muy importante! No hay historia ni persona que descubrir más importante para estos chicos que Jesús. Y, créalo o no, ésta puede ser la única oportunidad que tengan para encontrar a Jesús de una manera impactante.

Sería beneficioso para usted dedicar algún tiempo para ponderar esta gran labor; le dará un sentido de urgencia y un nivel de enfoque más profundo; pero no se deje agobiar. La tentación de pensar, "Ésta es una labor demasiado grande, y ¡yo soy sólo una persona!" sería algo abrumadora.

Cuando ese pensamiento le venga a la mente, de un paso atrás y mire lo que otros grandes hombres y mujeres antes que usted han hecho en el lapso de su vida: Francisco de Asís, San Pablo, Santo Tomás de Aquino, Juan el Bautista, San Agustín, Santa Teresa de Ávila, Tomás Moro, Juana de Arco, Edmund Rice, San Juan Bosco, San Juan Vianney, Santo Domingo, San Patricio, Santa Rita, María, y, por supuesto, Jesús. Mire también lo que otros han hecho en nuestro tiempo: Santa Teresa de Calcuta y San Juan Pablo II.

Ellos también podrían haber usado la excusa, "Yo soy sólo una persona"; la diferencia es que no se vieron como una persona, sino como parte de un cuerpo. Luego se dedicaron al mensaje del Evangelio de Jesucristo; eligieron servir, y elegir servir es elegir amar.

Recuerde, *Dios Te ha Bendecido* es el fruto de miles de horas de investigación, desarrollo, y prueba. Cada palabra, cada imagen, cada actividad ha sido escudriñada, evaluada, y puesta en oración. Usted no está solo.

Icono Oración

Leer y Explorar

Ver y Discutir

Muestra lo que Sabes

Diario con Jesús

Medidor de Tiempo

ORACIÓN DE APERTURA

Paso a Paso

1 Reúna a los estudiantes para rezar. Espere a que estén callados. No se apresure; la reverencia toma paciencia y práctica. Antes de leer la oración en voz alta, respiren profundo para dar lugar a un momento de silencio adicional. Nunca se sabe lo que Dios pueda decirle a sus estudiantes (¡o a usted!) cuando se le da la oportunidad.

Toda ansia que tengan de cosas buenas, de alguna manera es un ansia de Dios.

Momento Decisivo

Mis Notas:

_____

_____

_____

_____

_____

_____

_____

3

Dios Envió a Jesús para Salvarnos

Dios nuestro, Padre amoroso,
gracias por todas las formas en que me bendices.
Ayúdame a estar consciente de que cada persona,
cada lugar, y cada aventura que experimento
es una oportunidad para amarte más.
Lléname con el deseo de cambiar y crecer,
y dame la sabiduría para escoger ser
la-mejor-versión-de-mí-mismo en
cada momento de cada día.

Amén.

2 minutos

sugerencia

Ser específico/a le deja saber a sus estudiantes lo que se necesita. Una voz firme, no enfadada, prepara el tono: "Ahora no estamos hablando; estamos rezando". "Estoy esperando a que todos cierren los ojos para empezar".

La súplica del justo tiene mucho poder y maravillosos resultados.

Santiago 5,16

VER Y DISCUTIR

Paso a Paso

1 Introduzca el Episodio 1 diciendo: "En este episodio, Sara salva a Hemingway de una situación complicada con un helado. ¿Alguna vez han necesitado ustedes ser salvados de un enredo?".

2 Vean el Episodio 1.

3 Pregunte: "Jesús es el Salvador del Mundo. ¿Qué significa eso?"

- SER EL SALVADOR DEL MUNDO SIGNIFICA QUE JESÚS SALVÓ A TODAS LAS PERSONAS QUE HAN VIVIDO EN EL MUNDO Y LAS QUE VIVIRÁN, DE SUS PECADOS PARA QUE TODOS PODAMOS SER FELICES EN LA TIERRA Y FELICES CON DIOS EN EL CIELO.

- SI ELLOS NECESITAN AYUDA ENCONTRANDO LA RESPUESTA, MUÉSTRESELA EN EL LIBRO DE TRABAJO.

Mis Notas:

_____

_____

_____

_____

_____

_____

_____

_____

El Desorden

Desde el principio, los seres humanos han estado tratando de encontrar la mejor manera de vivir. Con frecuencia Dios envió a grandes profetas para que dirigieran y guiaran a las personas, pero muchas de ellas no los escucharon. Finalmente, cuando el momento fue apropiado, Dios envió a Jesús, su único Hijo.

El mundo era un desorden porque las personas estaban confundidas acerca de quiénes eran y acerca del propósito de la vida. Estaban perdidas. Necesitaban ser salvadas de su egoísmo y de sus pecados.

De modo que Dios envió a su Hijo Jesús, para salvarlas. Y Él no envió a Jesús solamente por las personas de ese tiempo; lo envió para salvar a las personas de todos los tiempos. ¿Necesitas ser salvado de tu egoísmo?

Ves, tu historia y la de Jesús están conectadas. La historia de Jesús no se trata de lo que pasó hace dos mil años. También se trata de tu amistad con Él hoy.

Todos necesitamos ser salvados, y las personas que necesitan ser salvadas necesitan un salvador. Jesús es el Salvador del Mundo. ¿Qué significa esto?

10 minutos

sugerencia

Comentar y expresar aprecio a los estudiantes por su participación es alentador para ellos. Algunos pueden ser reacios a hablar en voz alta y pueden no sentirse seguros frente a otros niños o frente a compañeros que no conocen. Pequeñas recompensas pueden ayudarles a asegurarse de que usted valora su participación. Aquí tiene algunos ejemplos que alientan la participación:

- DAR UNA CALCOMANÍA/ PEGATINA O UN DULCE CUANDO PIENSAN QUE LA CLASE O UN ESTUDIANTE EN PARTICULAR NECESITA SER ANIMADO.

- HACER QUE LA CLASE APLAUDA A UN ESTUDIANTE EN PARTICULAR POR SU PARTICIPACIÓN.

- UTILICE EL SALUDO CONOCIDO COMO "CHOCA ESOS CINCO" O "DAME ESOS CINCO" A MODO DE RECOMPENSA.

Dios amó tanto al mundo que le dio a su único Hijo, para que quien cree en Él no se pierda, sino que tenga vida eterna.

Juan 3,16

71

LEER Y EXPLORAR

Paso a Paso

1 De un momento a los niños para que exploren la ilustración. Y, sí, ¡ésa es una aleta de tiburón en el agua!

2 Si usted tiene una historia que pueda contar sobre un momento en que fue salvado/a, compártala con los niños.

Abrace la vida y las enseñanzas de Jesús como abrazaría a un buen amigo que no ha visto por mucho tiempo.

Momento Decisivo

Todos Necesitamos Salvación

Imagina que has ido a una tienda a comer helado, aunque no tenías dinero para pagarlo. Eso estaría mal y sería ilegal. El dueño de la tienda tendría todo el derecho a enojarse y llamar a la policía. Pero justo en ese momento un amigo tuyo entra en la tienda, se da cuenta de lo que está pasando y le paga al dueño con su dinero por el helado que te robaste. Tu amigo ha pagado tu deuda. En esta situación, tu amigo te salvó.

Otro ejemplo sería si fueras a la playa a nadar; te atrapara la marea y te llevara mar afuera. A medida que las olas crecen y tú te cansas, empiezas a ahogarte.

Pero justo en ese momento llega un salvavidas en un bote de rescate y te lleva seguro de regreso a la costa. El salvavidas te ha salvado.

Mis Notas:

_____

_____

_____

_____

_____

_____

_____

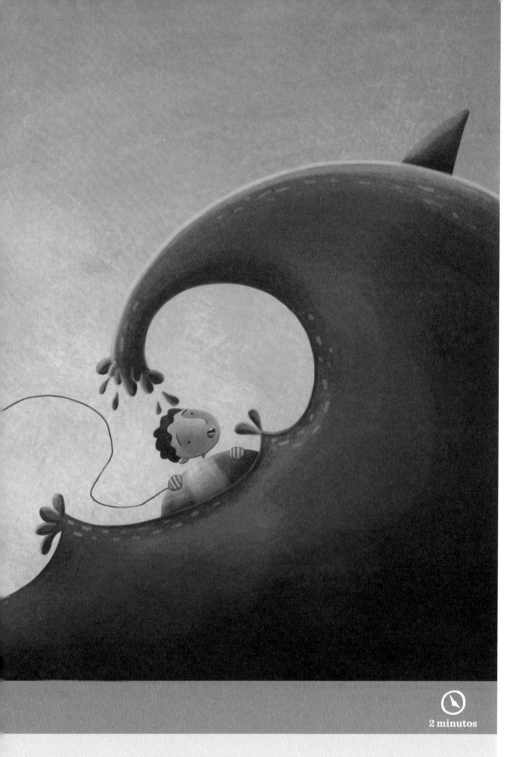

sugerencia

Mantenga un buen sentido del humor. Enseñar la fe católica es una tarea seria; probablemente no hay nada más importante; pero también se supone que sea divertido. No pierda nunca de visa la alegría de estar con niños pequeños. Cuando un niño hace algo gracioso, compartan su deleite. Es fácil obsesionarse con problemas y preocuparse por cosas que uno quisiera haber hecho de otra manera.; sin embargo, el humor ofrece una perspectiva que hace mucha falta. Si puede conservar un buen humor, será un líder mucho más feliz—y, muy probablemente, uno mucho mejor.

El Señor irá delante de ti. Él estará contigo; no te dejará ni te abandonará. No temas, pues, ni te desanimes.

Deuteronomio 31,8

LEER Y EXPLORAR

Paso a Paso

1 Recuérdele a sus estudiantes: "Cuando Jesús estaba en la cruz, ¡pensó en ustedes!"

2 Pegúnteles: "¿Cómo los hace sentir esto?" Entre las respuestas posibles están las siguientes:

- AGRADECIDOS
- FELICES
- BENDECIDOS

Jesús enseña que la esencia del amor es la entrega de uno mismo.

Momento Decisivo

Jesús es Tu Salvador

Ahora, piensa en todos los hombres, mujeres, y niños desde el comienzo de los tiempos, en las muchas cosas que han hecho que son egoístas y malas y que ofenden a Dios. Jesús vino y pagó el precio por todos esos pecados muriendo por ti y por mí en la cruz. ¿Por qué? Porque quiere que seamos felices con él para siempre en el Cielo. Asombroso, ¿no es cierto? Cuando Jesús estaba en la cruz, pensó en ti. Te amó entonces y te ama ahora.

Muchas personas pueden salvarte de varias situaciones, pero sólo Jesús puede salvarte de tus pecados.

Mis Notas:

_____

_____

_____

_____

_____

_____

_____

2 minutos

sugerencia

Use la repetición y el refuerzo para su propio beneficio. Usted no puede esperar que sus estudiantes aprendan algo nuevo sí sólo han sido expuesto a ello una sola vez. ¡La repetición es la clave! Es posible que ésta sea la primera vez que algunos de sus niños se enteren de que Jesús murió por amor a ellos. ¡Algo SUMAMENTE importante! Por medio de la repetición y el refuerzo, usted les hará saber cuán importante es este hecho para sus vidas.

Para esto han sido llamados, pues Cristo también sufrió por ustedes, dejándoles un ejemplo, y deben seguir sus huellas.

1 Pedro 2,21

VER Y DISCUTIR

Paso a Paso

1 Introduzca el Episodio 2 preguntando: "¿Están listos para conocer a Lily, la hermana menor de Ben y Sarah?".

2 Vean el Episodio 2.

3 Actividad: SIMÓN DICE. Para jugar, haga un movimiento rápido como tocarse la nariz, diciendo lo que está haciendo; pero si antes de decirlo no dicen "Simón dice" ("Simón dice tocarse la nariz"), los niños no deben hacerlo; el que lo haga sale del juego y tiene que sentarse. Actúe con rapidez para hacerlo más difícil y más divertido. Mientras más chistoso sea el movimiento, más se divertirán. Jueguen hasta que todos los niños estén sentados o hasta que hayan pasado dos minutos.

Nacimiento e Infancia de Jesús

Jesús tenía una enorme misión: salvar a todos los pecadores de la historia de sus pecados. Esa es una gran misión, ¿cierto?

Y sin embargo, Dios en su sabiduría decidió no venir como el rey de una gran nación o como un poderoso líder político. Ni siquiera vino como el hijo de un hombre rico, sino como un bebé nacido en un pesebre.

¿Qué lección nos enseña esto? Los caminos de Dios no son los de los hombres.

Dios tiene una manera única de hacer las cosas. Su sabiduría está mucho más allá de la de los hombres y mujeres más sabios de este mundo. Sus caminos son muy superiores a los nuestros. Él tiene un plan de vida para ti, y es mucho mejor de lo que tu te pudieras

Mis Notas:

_____

_____

_____

_____

_____

_____

_____

imaginar. Pídele a Dios que te llene con su sabiduría, para que puedas aprender su manera de hacer las cosas.

Dios vino al mundo como un niñito indefenso. Cada año celebramos el milagro del nacimiento de Jesús. La Navidad es el cumpleaños de Jesús. Pero si es el cumpleaños de Jesús ¿Por qué recibes tú regalos?

5 minutos

Cuando el hombre intente hacer lo que sabe que es la voluntad del Maestro, le será dado un poder igual al deber.

Venerable Fulton J. Sheen

Paso a Paso

1 Pídale a los estudiantes que piensen en un momento cuando perdieron algo importante para ellos. ¿Cómo se sintieron cuando pasó? ¿Lo encontraron? Si lo encontraron, ¿Cómo se sintieron al encontrarlo? Siéntase con libertad de participar y compartir un momento en el que usted perdió y encontró algo importante. ¡No se olvide de darles las gracias por compartir!

2 Dele tiempo a los niños para que exploren la ilustración. Pregúnteles: "¿Cómo piensan que se sintieron María y José cuando encontraron a Jesús?

No se puede ignorar a Jesús, porque Él cambió las cosas. Él es el más grande agente de cambio en la historia de la humanidad.

Redescubre el Catolicismo

Los Años Tranquilos

Sabemos muy poco sobre los treinta años de la vida de Jesús que siguieron a su nacimiento. ¿Qué piensas que estuvo haciendo?

Todo sugeriría que Jesús vivió una vida normal, que sus rutinas diarias habrían sido similares a las de otros niños con los que creció.

Captamos una visión de la infancia de Jesús cuando estuvo viajando a Jerusalén con María y José. Durante este viaje Jesús se separó de sus padres. Eventualmente ellos lo encontraron en el Templo.

¿Alguna vez has perdido algo importante y después lo has encontrado nuevamente? ¿Cómo te sentiste cuando te diste cuenta de que lo habías perdido? ¿Cómo te sentiste cuando lo encontraste? ¿Cómo piensas que María y José se sintieron cuando no podían encontrar a Jesús?

Mis Notas:

_____

_____

_____

_____

_____

_____

_____

5 minutos

sugerencia

Trate de involucrar a todos en la conversación. Asegúrese de hacer el mismo número de preguntas tanto a los niños como a las niñas. Observe a su alrededor y trate de involucrar el mayor número de estudiantes posible.

Tenemos lo que buscamos, está ahí todo el tiempo, y si le damos tiempo, se nos dará a conocer.

Tomás Merton

79

Paso a Paso

1 Introduzca el Episodio 3 diciendo: "¡Espero que ustedes estén tan emocionados como yo por aprender sobre la vida de Jesús!".

2 Vean el Episodio 3.

3 Actividad: ¡ESTÍRENSE! Dirija a los estudiantes en unos ejercicios de estiramiento. Hágalos ponerse de pie y seguir sus instrucciones para energizarse por medio del ejercicio.

Por más de dos mil años Jesús ha estado realizando milagros en la vida de hombres y mujeres comunes. Ahora Él quiere realizar milagros en ti por medio de ti mismo. ¿Estás listo/a?

Vuelve a Descubrir a Jesús

El Ministerio de Jesús

La siguiente vez que oímos sobre Jesús ocurre en las bodas de Caná. Se les acabó el vino y María le pide a Jesús que ayude. Entonces Jesús pidió a los sirvientes que llenaran seis vasijas grandes con agua y Jesús transformó el agua en vino.

Esto se convierte en su primer milagro.

No hay duda de que la noticia de este milagro se propagó rápidamente, lo cual haría muy difícil para Jesús volver a su vida normal. Este fue el comienzo de la vida pública de Jesús, durante la cual Él viajó por la región enseñando y curando a muchas personas.

Jesús era totalmente divino, pero también totalmente humano. Le encantaban los aspectos cotidianos de la vida como ser humano. Con frecuencia lo vemos disfrutando una comida con amigos y extraños. Aquí lo vemos celebrando en una boda. Jesús amaba la vida.

Mis Notas:

_____

_____

_____

_____

_____

_____

_____

_____

10 minutos

sugerencia

Si usted está siguiendo el formato sugerido de 90 minutos, a este punto usted ha llegado aproximadamente a la mitad de la clase. Es un buen momento para un breve descanso. Si está atrasado/a, eche un vistazo rápido hacia adelante y vea cómo puede ponerse al día. Si va adelantado/a, busque en los próximos 45 minutos una oportunidad para generar una conversación interesante. Si va a tiempo, ¡siga adelante!

He venido para que tengan vida y la tengan en abundancia.

Juan 10,10

81

LEER Y EXPLORAR

Paso a Paso

1 Utilice la dinámica ¡Palomitas de maíz! Y haga que cada párrafo sea leído por un estudiante distinto.

2 Pregúntele a los niños: "¿Cómo pueden llevar a cabo la misión de Jesús?" Recuérdeles lo que Ben le dijo a Sarah cuando ella le hizo esa misma pregunta.

- SIENDO UN GRAN AMIGO/A
- TRATANDO A LOS DEMÁS COMO QUIERO QUE ME TRATEN
- SIGUIENDO LOS MANDAMIENTOS
- ASISTIENDO A MISA

Es fácil ser un seguidor; pero ser un discípulo significa ser un estudiante —ser humilde, dócil y abierto al aprendizaje, y saber escuchar.

Redescubre el Catolicismo

Los Discípulos

Una de las cosas que le encantaban a Jesús sobre la vida era la amistad. Al principio de su ministerio, se rodeó de doce apóstoles. Él personalmente invita a cada uno de ellos a seguirlo. Sabía que iba a morir, y que otros serían necesarios para continuar la misión.

En cada lugar y a cada momento, Jesús llama a hombres, mujeres y niños a seguirlo y a continuar su misión. Él te invita a ti a convertirte en uno de sus discípulos en el mundo de hoy.

¿Cómo puedes continuar la misión de Jesús?

Mis Notas:

_____

_____

_____

_____

_____

_____

_____

5 minutos

sugerencia

Comparta con sus niños
cómo Dios lo/la ha invitado
a llevar a cabo su misión
dirigiendo esta clase.

**Tenemos que ser
testigos de la belleza
y de la grandeza del
cristianismo.**

Santa Gianna Molla

Paso a Paso

1 Comparta con los niños su parábola favorita.

2 Pregúnteles cuál es su parábola favorita.

> Jesús era un radical. Su vida fue radical. Su muerte fue radical. Sus enseñanzas fueron radicales. Su amor fue radical, cambiando todo el curso de la historia humana.

Vuelve a Descubrir a Jesús

Las Parábolas de Jesús

A lo largo de su vida pública Jesús usó parábolas para compartir su sabiduría con la gente común. Estas parábolas eran fáciles de entender para la gente común porque se basaban en ejemplos de la vida diaria.

Jesús enseñó de esta manera porque los líderes religiosos de su tiempo lo habían hecho todo muy complicado. Jesús quería que la gente común pudiera entender su mensaje y se encaminara hacia Dios. Él nos enseñó que la simplicidad es genial. Una de las cosas más difíciles de hacer en el mundo es tomar algo complejo y hacerlo simple.

¿Cuál es tu parábola favorita?

Mis Notas:

_____
_____
_____
_____
_____
_____
_____
_____

3 minutos

sugerencia

¿Qué tanto sabe usted sobre esta sesión? Sus estudiantes se dan cuenta. Profundice en ella lo más que pueda. Si siente que no sabe lo suficiente, tómese más tiempo en la preparación de la clase. La preparación engendra confianza.

Las enseñanzas de Cristo nunca nos decepcionarán, mientras que la sabiduría mundana lo hará siempre.

San Vicente de Paúl

85

LEER Y EXPLORAR

Paso a Paso

1 Pregúntele a los niños: "Si ustedes pudieran realizar uno de los milagros de Jesús hoy, ¿cuál escogerían? ¿Por qué?".

Es fácil caer en la trampa de poner los milagros de Jesús en lugares lejanos con personas que nunca conocieron. Pero ellos también están aquí y ahora. Es un milagro que Él perdona nuestros pecados, aunque sabe que pecaremos otra vez. ¿Perdonarían ustedes a alguien sabiendo que lo hará otra vez?

Vuelve a Descubrir a Jesús

Los Milagros de Jesús

Jesús hizo cientos de milagros. Sanó a los enfermos, hizo ver a los ciegos, caminar a los paralíticos, y consolaba a los afligidos. Él no hizo estas cosas para alardear o para asombrar a las personas, sino por su gran misericordia hacia las personas. Él quería demostrar la compasión asombrosa que tenía por los que estaban luchando y sufriendo. También quería que las personas tuvieran absoluta claridad de que Él no era simplemente un gran maestro, sino que Él era Dios.

Dios tiene una gran compasión por su pueblo. Una de las maneras en que podemos compartir la misión de Jesús es llevando su compasión a todos los que se crucen por nuestro camino en la vida.

Si tú pudieras hacer uno de los milagros de Jesús hoy, ¿Cuál escogerías? ¿Por qué?

Mis Notas:

_____

_____

_____

_____

_____

_____

3 minutos

sugerencia

A lo largo de la preparación para la Primera Reconciliación, habrá momentos en los que las cosas se pondrán difíciles. Recuerde, cuando las cosas se ponen difíciles, simplemente tome un día a la vez, rece y continúe la labor. Si las cosas se ponen realmente difíciles, tomen una hora a la vez, siendo amigable con quienes lo rodean y haciendo lo que tiene que hacer. Y cuando las cosas se pongan extremadamente difíciles, tome un momento de la vida a la vez. Haga lo mejor que pueda y déjele el resto a Dios. Nosotros tenemos que hacer nuestra pequeña parte, tenemos que darle nuestros "cinco panes y dos peces". Entonces Él hará el milagro y "alimentará a los cinco mil".

Lo más increíble acerca de los milagros … es que pasan.

G.K. Chesterton

87

VER Y DISCUTIR

Paso a Paso

1 Deles un avance del episodio que sigue. Dígales por qué les va a gustar; pero asegúrense de no revelar demasiado. Esto también les dejará saber que usted se ha preparado para su tiempo juntos. No piense que es un acto insignificante. Ellos lo notan y es importante.

2 Vean el Episodio 4.

La vida requiere valor. El valor nos anima y, por tanto, es esencial para la experiencia humana.

Momento Decisivo

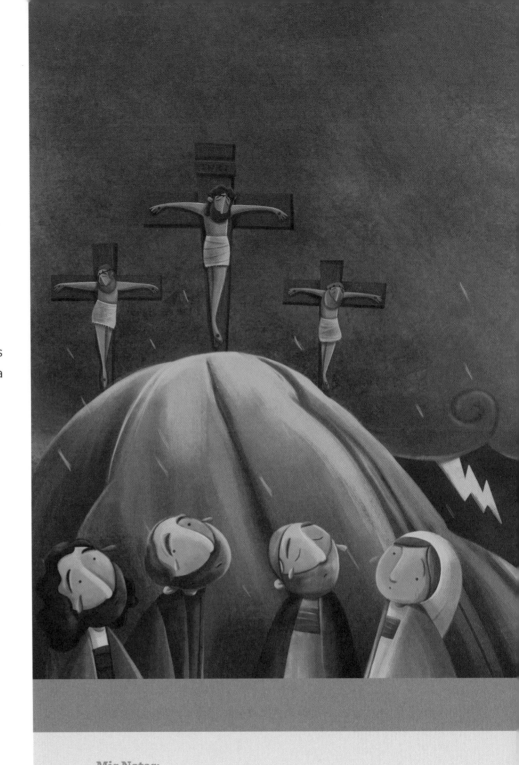

Mis Notas:

_____

_____

_____

_____

_____

_____

_____

_____

La Cruz, la Resurrección, y la Ascensión

La mayoría de las personas pensó que era otro simple viernes, pero no lo fue. En inglés se le llama Viernes Bueno (Good Friday) al día en que Jesús murió en la cruz, porque fue el día en que Jesús nos salvó de nuestros pecados y reparó nuestra relación con Dios. Mientras que en español, en alemán y en otros idiomas se le ha llamado Viernes de Dolores porque ese día Jesús fue golpeado, abusado, mofado, escupido, maldecido y crucificado. Jesús sabía que todo esto pasaría y Él dejó que pasara de todas maneras porque nos amaba tanto que estuvo dispuesto a dar su vida por nosotros. Y así santificó ese viernes, por lo que hoy en día también se le llama Viernes Santo en español.

Dios te ama tanto, que hará lo inimaginable para probarte su amor por ti.

8 minutos

sugerencia

Toda esta sesión se trata de la vida de Jesús y cómo Él nos invita a ser parte de su historia. No obstante, que no sea ésta la última vez que habla sobre esto. Insista en hablar sobre Jesús. No hablamos suficientemente sobre la amistad con Jesús. Repita este tema varias veces. Si podemos ayudarles a desarrollar esta amistad con Jesús, muchas otras cosas se darán por añadidura.

El crucifijo no significa derrota o fracaso. Nos revela el amor que vence el mal y el pecado.

Papa Francisco

89

LEER Y EXPLORAR

Paso a Paso

1 Pregúntele a los niños" "¿Quieren ir al Cielo?" Nunca podemos pasar demasiado tiempo animando y ayudando a nuestros chicos a pensar en el Cielo y en la alegría que nos espera.

Cada momento de cada día, cada situación, cada persona que encontramos es una oportunidad para ser la-mejor-versión-de-nosotros-mismos.

Resistiendote a la Felicidad

La Resurrección

El domingo por la mañana, tres días después de morir en la cruz, Jesús resucitó de entre los muertos. Llamamos a este acontecimiento la Resurrección. Nunca antes y nunca desde entonces, alguien se ha resucitado de entre los muertos.

La Resurrección es el evento más importante de la historia.

Una de las razones por las que Jesús murió en la cruz y resucitó de entre los muertos fue para que nosotros pudiéramos ir al Cielo. Dios quiere que vivas con Él y con los ángeles y los santos en el Cielo para siempre.

¿Quieres ir al Cielo? ¿Por qué?

Mis Notas:

_____

_____

_____

_____

_____

_____

_____

La Ascensión

Cuarenta días después de resucitar de entre los muertos, Jesús se le apareció a muchas personas. Entonces llevó a los once discípulos restantes a un lugar cerca de Betania. Los bendijo y después ascendió al Cielo, cuarenta días después de la Resurrección.

A nos referimos a este momento como la Ascensión.

Jesús es un puente entre el Cielo y la tierra. Ascendiendo al Cielo, despejó el camino para que nosotros recibamos la bendición suprema: la Vida Eterna.

Dios te ha bendecido.

¿Por qué habían solamente once discípulos en el momento de la Ascensión?

2 minutos

_____

_____

_____

_____

_____

_____

La meta de nuestra vida es vivir con Dios para siempre. Dios, quien nos ama, nos dio la vida, nuestra respuesta de amor permite que la vida de Dios fluya dentro de nosotros sin límite.

San Ignacio de Loyola

Paso a Paso

1 Deles tiempo y espacio a los niños para explorar la ilustración. Déjelos hacer preguntas y deje que el Espíritu Santo inspire su imaginación y su sensación de asombro.

2 Introduzca el Episodio 5 diciendo: "Estoy muy entusiasmado/a de poder compartir este episodio con ustedes porque ¡la historia de Pentecostés es sorprendente! Lo que están a punto de ver pasó en la vida real".

3 Vean el Episodio 5.

Lean los Evangelios y observen a los que viven con miedo. Miren también a los que confían en Jesús y viven con fe. No dejen que el miedo los paralice.

Semillas de Mostaza

De la Biblia: Pentecostés

Antes de que Jesús dejara a los discípulos para ascender al Cielo, Él les prometió que enviaría al Espíritu Santo para que los ayudara a vivir una vida buena y a llevar a cabo su misión. Jesús te hace la misma promesa a ti. Él prometió enviar al Espíritu Santo para guiarte a tomar grandes decisiones, a convertirte en la-mejor-versión-de-ti-mismo, a vivir una vida santa, y a ayudar a otras personas a experimentar el amor de Dios.

En Pentecostés Jesús cumplió su promesa.

Después que Jesús murió en la cruz, resucitó de entre los muertos, y ascendió al Cielo, muchas personas estaban enojadas con los discípulos, y ellos tenían miedo de lo que les pudieran hacer.

Mis Notas:

_____

_____

_____

_____

_____

_____

_____

Un día, todos estaban reunidos en una habitación superior cuando oyeron un fuerte sonido como si el viento aullara. Entonces, el Espíritu Santo descendió sobre ellos y los llenó con la sabiduría y el valor que necesitaban para llevar a cabo la misión que Jesús les había confiado.

Cuando te bautizaron, el Espíritu Santo vino sobre ti; y cuando seas confirmado, los dones del Espíritu Santo serán fortalecidos en ti. Esto te permitirá continuar la misión de Jesús a tu manera.

Antes de la venida del Espíritu Santo, los discípulos tenían miedo. Después de recibir al Espíritu Santo ellos se llenaron de valor, y salieron a cambiar el mundo. Si alguna vez tienes miedo, pídele al Espíritu Santo que te llene de valor.

Hay muchas cosas que no podemos hacer por nosotros mismos, pero con la gracia de Dios y el poder del Espíritu Santo podemos hacer grandes cosas.

sugerencia

¿Cómo es su relación con el Espíritu Santo? El poder y la gracia que se le dio a los discípulos el día de Pentecostés está disponible para nosotros ahora. Tristemente muchos de nosotros pasamos toda nuestra vida sin conocer cuán poderoso puede ser el Espíritu Santo cuando se le invoca. La semana próxima, por lo menos una vez al día, récele al Espíritu Santo y pídale que lo/la guíe en una cuestión específica.

3 minutos

Sé valiente y ten ánimo; no tiembles ni tengas miedo; el Señor tu Dios está contigo adonde quiera que tú vayas.

Josué 1,9

93

VER Y DISCUTIR

Paso a Paso

1 Introduzca el Episodio 6 diciendo: "En el siguiente episodio, Ben, Sarah y Hemingway se preparan para la fiesta sorpresa del cumpleaños de Isabella".

2 Vean el Episodio 6.

La verdad es que no pueden convertirse en la-mejor-versión-de-ustedes-mismos por sí solos, necesitan gracia. La plenitud de la invitación es convertirse en la-mejor-versión-de ustedes-mismos en Jesús.

Momento Decisivo

Tú y la Iglesia

Pentecostés es el cumpleaños de la Iglesia. Celebramos Pentecostés todos los años, igual que tú celebras tu cumpleaños.

Jesús nos dio la Iglesia para pasar su mensaje a toda la gente en todos los lugares y en todo momento. El domingo, en la Misa, el mensaje de Jesús es compartido contigo y con tu familia.

Mis Notas:

_____

_____

_____

_____

_____

_____

La Iglesia también comparte los Sacramentos, para que puedas seguir recibiendo la gracia que necesitas para vivir una vida de virtud, convertirte en la-mejor-versión-de-ti-mismo, y vivir una vida santa.

Dios te ha bendecido al ser miembro de la única Iglesia que es Santa, Católica y Apostólica.

¿Crees que exista una diferencia entre ser cristiano hoy y ser cristiano hace dos mil años?

5 minutos

Valientemente, sigan el camino de la santidad personal y, diligentemente, nútranse con la Palabra de Dios y la Eucaristía. Mientras más santos sean, más podrán contribuir a edificar la Iglesia y la sociedad.

San Juan Pablo II

95

LEER Y EXPLORAR

Paso a Paso

1 Pregúntele a los estudiantes "Si pudieran ser cualquier persona en la historia de Jesús, ¿quién serían?". Si ellos necesitan ayuda, haga sugerencias: uno de los discípulos, María, Lázaro, Zaqueo, la mujer del pozo, el Buen Pastor, etc.

Cuando nos salimos de la historia de Jesucristo, nos volvemos inmunes al mensaje del Evangelio que cambia la vida y nos hacemos esclavos del mundo.

Vuelve a Descubrir a Jesús

Tú

La historia de Jesús no se detiene aquí. De hecho, para ti, la historia de Jesús sólo está empezando. Él quiere que seas parte de su historia.

Es real. Justo como los leprosos, el hijo pródigo, la mujer junto al pozo, y los discípulos, Jesús quiere que tú también seas parte de su historia.

Si pudieras ser cualquier persona en la historia de Jesús, ¿quién serías?

La historia de Jesús nunca termina. Se está desarrollando aquí, hoy, ahora mismo. Y Jesús quiere que seas parte de su historia.

Mis Notas:

_____

_____

_____

_____

_____

_____

_____

Dios te ha bendecido al ser parte de su historia. El desorden del mundo a veces puede entristecernos, pero Jesús quiere que seamos extraordinariamente felices. Él nos invita a tener una relación dinámica y personal con Él para poder compartir su felicidad con nosotros y que nosotros podamos compartirla con el prójimo.

Así que cada mañana cuando te despiertes, y cada noche antes de acostarte, toma un minuto para hablar con Jesús.

sugerencia

Tome un momento para decirles por qué le encanta ser parte de la historia de Jesús.

5 minutos

Lo que realmente importa en la vida es que somos amados por Cristo y que nosotros lo amamos a Él. En comparación con el amor de Jesús, todo es secundario. Y sin el amor de Jesús, todo lo demás es inútil.

San Juan Pablo II

MUESTRA LO QUE SABES

Paso a Paso

1 Pídale a los niños que completen la hoja de actividades ya sea ellos solos, con un compañero/a, o en grupo.

2 Luego de tres minutos, pregúntele a la clase: "¿Tienen dificultades con alguna pregunta?"

3 Brevemente explique la respuesta a la pregunta y muéstreles en su libro de actividades la página en donde pueden encontrar la respuesta.

El valor es un prerrequisito para la vida que Dios ha imaginado para ti.

Momento Decisivo

Muestra lo que Sabes

Verdadero o Falso

1. __T__ Cuando Jesús estaba en la cruz, pensó en ti porque te ama. (p 74)

2. __T__ Jesús quiere que te conviertas en uno de sus discípulos. (p 82)

3. __T__ Dios te ha bendecido al ser miembro de la Iglesia Católica. (p 95)

4. __F__ Los Sacramentos te ayudan a ser la peor versión de ti mismo. (p 95)

5. __T__ Jesús quiere que seas parte de su historia. (p 96)

Llena los Espacios en Blanco

1. Jesús _____**ama**_____ la vida. (p 80)

2. Toma _____**sabiduría**_____ poder ver los caminos de Dios y andar en ellos. (p 76)

3. Jesús quería que las personas _____**comunes**_____ pudieran entender su mensaje y encaminarse hacia Dios. (p 84)

4. Jesús hizo milagros porque sentía una tremenda _____**amor**_____ por la gente. (p 89)

5. Dios irá a extremos inimaginables para probar su _____**mercy**_____ por ti. (p 86)

Mis Notas:

_____

_____

_____

_____

_____

_____

_____

_____

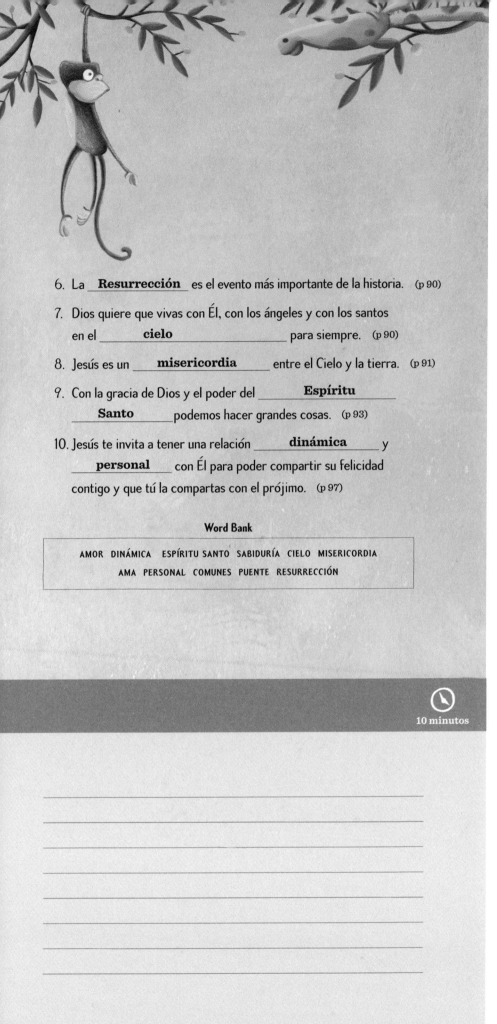

6. La __Resurrección__ es el evento más importante de la historia. (p 90)

7. Dios quiere que vivas con Él, con los ángeles y con los santos en el _____cielo_____ para siempre. (p 90)

8. Jesús es un _____misericordia_____ entre el Cielo y la tierra. (p 91)

9. Con la gracia de Dios y el poder del _____Espíritu_____ _____Santo_____ podemos hacer grandes cosas. (p 93)

10. Jesús te invita a tener una relación _____dinámica_____ y _____personal_____ con Él para poder compartir su felicidad contigo y que tú la compartas con el prójimo. (p 97)

Word Bank

AMOR DINÁMICA ESPÍRITU SANTO SABIDURÍA CIELO MISERICORDIA
AMA PERSONAL COMUNES PUENTE RESURRECCIÓN

🕐 10 minutos

_____
_____
_____
_____
_____
_____
_____

Dios resiste a los orgullosos, pero hace favores a los humildes.

Santiago 4,6

DIARIO CON JESUS

Paso a Paso

1 Invite a sus niños a escribirle una carta a Jesús.

2 Pídale a los niños que permanezcan en silencio mientras escriben en su diario.

3 Sí usted lo desea puede poner música tranquila de fondo, para ayudar a crear un ambiente propicio a la reflexión y motivar a los estudiantes a permanecer en silencio y enfocados en el diario con Jesús.

Una de las maneras en que Dios nos ama es revelándose a nosotros. Él no permanece distante, o como un Dios anónimo, sino que nos permite conocerlo.

Momento Decisivo

Mis Notas:

_____
_____
_____
_____
_____
_____
_____

Diario con Jesús

Querido Jesús,

Aprender sobre tu vida me enseña que . . .

_____

_____

_____

_____

_____

_____

_____

_____

5 minutos

_____

_____

_____

_____

_____

_____

_____

Pocas almas comprenden lo que Dios lograría en ellas si se abandonaran a Él sin reservaciones y si le permitieran a su gracia moldearlas como corresponde.

San Ignacio de Loyola

ORACION FINAL

Paso a Paso

1 Vean el Episodio 7.

2 Pregúntele a los niños: "¿Cuáles son algunas de las cosas más importantes que aprendieron en esta sesión?"

- SOY PARTE DE LA HISTORIA DE JESÚS!

- JESÚS TIENE UNA MISIÓN ESPECIAL SÓLO PARA MÍ.

- DIOS ME AMA TANTO COMO PARA DAR SU VIDA POR MÍ.

- JESÚS QUIERE QUE COMPARTA SU AMOR CON LOS DEMÁS.

Rezar es hablarle a Dios sobre cualquier cosa que esté en tu corazón: las cosas que te dan alegría y las que te dan tristeza, tus esperanzas y tus sueños. En oración le hablas a Dios de todo.

Momento Decisivo

Oración Final

Jesús dijo, "Pidan y recibirán" (Mateo 7,7). En tu vida habrán momentos en los que no sabrás qué hacer. Esos son buenos momentos para volverte al Espíritu Santo y pedirle que te ilumine. En tu vida habrán momentos en que necesites ser alentado. El Espíritu Santo es un gran motivador. Vuélvete a Él y pídele que te aliente. En tu vida habrán momentos en los que tendrás miedo. Pídele al Espíritu Santo que te dé valor. En tu vida habrán momentos en los que no sabrás qué decir. Vuélvete al Espíritu Santo y pídele que te dé las palabras.

Todos necesitamos al Espíritu Santo diariamente. A medida que envejecemos dependemos menos de algunas personas y de algunas cosas, pero siempre necesitaremos que el Espíritu Santo nos guíe.

San Agustín se alejó mucho de Dios cuando era joven, pero cuando fue a la Reconciliación, volvió a Dios, y finalmente se convirtió en un gran sacerdote y obispo.

Recémos juntos esta oración al Espíritu Santo:

Sopla sobre mí, Espíritu Santo, para que todos mis pensamientos sean santos. Actúa en mi, Espíritu Santo, para que también mi trabajo sea santo. Induce mi corazón, Espíritu Santo, para que ame solamente a aquello que es santo. Fortaléceme, Espíritu Santo, para defender todo lo que es santo.Guárdame, Espíritu Santo, para que yo siempre sea santo.

Amén.

Mis Notas:

_____

_____

_____

_____

_____

_____

_____

5 minutos

sugerencia

Dígales algo que usted
aprendió en esta sesión
y que no sabía antes.

Volviendo tus ojos a
Dios en meditación,
toda tu alma se
llenará de Dios.
Empieza todas tus
oraciones en la
presencia de Dios.

San Francisco de Sales

4

Perdón y Sanación

GUÍA RÁPIDA DE LA SESIÓN

Oración de Apertura . . . . 2 min

Ver y Discutir; Leer y Explorar . . . . 68 min

Muestra lo que Sabes . . . . 10 min

Diario con Jesús . . . . 5 min

Oración Final . . . . 5 min

OBJETIVOS

- **DEMOSTRAR** que el perdón es clave en relaciones saludables.

- **EXPLICAR** que Jesús, El Buen Pastor, nos dirige hacia el Cielo.

- **ENSEÑAR** qué en el Sacramento de la Reconciliación Dios nos demuestra que Él está dispuesto a perdonarnos.

- **Empiece a tiempo de todas maneras.**

- **Modele el comportamiento deseado—Si usted quiere que lleguen a tiempo, usted tiene que empezar a tiempo.**

BIENVENIDA

Inicie la clase agradeciendo a los niños por su asistencia. Recuérdeles que estará rezando por ellos durante la semana. Tenga en mente que si no puede convencerlos de que se preocupa por ellos, usted no podrá ofrecerles una experiencia que cambie sus vidas.

Luego, recuérdeles uno de los puntos principales de la sesión anterior (Como lo hacen los programas de televisión que empiezan con: "En el episodio anterior..." seguido de un video corto que resalta el episodio reciente). Pregúnteles qué recuerdan de la vida de Jesús; qué les llamo la atención. ¿Sus milagros o sus enseñanzas? ¿La Resurrección o la Ascensión? ¿La historia de Pentecostés?

Cuando los niños compartan lo que recuerdan, prémielos por su esfuerzo. Utilice el saludo conocido como "Choca esos cinco"/"Dame esos Cinco" o deles una calcomanía/pegatina a modo de felicitación. Ayúdelos a sentirse especiales por recordar y tener el valor de hablar frente a la clase.

Icono Oración	**Leer y Explorar**	**Ver y Discutir**	**Muestra lo que Sabes**	**Diario con Jesús**	**Medidor de Tiempo**

ORACIÓN DE APERTURA

Paso a Paso

1 Lea en voz alta la Oración de Apertura.

2 Espere a que todos estén callados antes de iniciar la lectura de la oración. Usted puede decir algo como: "Pongámonos en actitud de oración; quedándonos quietecitos, en silencio y poniendo atención a lo que Dios nos quiere decir hoy".

Si quiere ver algo increíble, empiece a rezar por transformación.

Momento Decisivo

Mis Notas:

_____
_____
_____
_____
_____
_____
_____

4

Perdón y Sanación

Dios nuestro, Padre amoroso,
gracias por todas las formas en que me bendices.
Ayúdame a estar consciente de que cada persona,
cada lugar, y cada aventura que experimento
es una oportunidad para amarte más.
Lléname con el deseo de cambiar y crecer,
y dame la sabiduría para escoger ser
la-mejor-versión-de-mí-mismo en
cada momento de cada día.

Amén.

2 minutos

sugerencia

Pídale a los niños que hagan la Señal de la Cruz, e invítelos a cerrar los ojos mientras usted lee la oración de apertura lentamente. Después deles unos treinta segundos en silencio para que reflexionen sobre la oración y sobre qué es lo que Dios les está diciendo por medio de ella.

Si quieren ir a extremos, que sea en dulzura, paciencia, humildad, y caridad.

San Felipe Neri

VER Y DISCUTIR

Paso a Paso

1 Introduzca el Episodio 1: "En este episodio, Sarah y Hemingway tienen una sorpresa para Ben. ¿Qué creen ustedes que podría ser?

2 Vean el Episodio 1.

Mientras más sabio se vuelva, más cerca de Dios querrá estar.

Momento Decisivo

Dios Ama las Relaciones Saludables

Dios ama las relaciones saludables. Él se deleita en su relación contigo, y en tus relaciones saludables con el prójimo.

Dios es un amigo perfecto porque siempre te ayuda a convertirte en la-mejor-versión-de-ti-mismo. Otras personas pueden pedirte que hagas cosas que pueden llevarte a convertirte en una versión de segunda clase de ti mismo, pero no Dios. Todo lo que Él te pide que hagas viene de su deseo de que te conviertas en la-mejor-versión-de-ti-mismo, que vivas una vida santa, y que seas feliz.

Mis Notas:

_____

_____

_____

_____

_____

_____

_____

El perdón es esencial para las relaciones saludables. Dos de las lecciones más importantes de la vida son, cómo perdonar y cómo ser perdonado. Estas dos lecciones son parte del Padre Nuestro. Rezamos, "Perdona nuestras ofensas, así como nosotros perdonamos a los que nos ofenden". Estamos diciéndole a Dios que sentimos haber hecho algún mal y le pedimos que nos dé la gracia para perdonar a cualquiera que nos haya hecho mal.

5 minutos

sugerencia

¿Cuántos estudiantes hay en su clase? ¿Cuántos de ellos creen que usted quiere lo mejor para ellos? ¿Los ha convencido de que usted está interesado/a de corazón por ellos? Nosotros respetamos y escuchamos a las personas que creemos que se interesan por nosotros de corazón. Si aún no se los ha ganado de esta manera, pregúntense por qué.

Asegúrese de predicar primero con su manera de vivir.

San Carlos Borromeo

107

VER Y DISCUTIR

Paso a Paso

1 Introduzca el Episodio 2: "¿De quién creen que sea el cepillo de dientes que Sarah utilizó para cepillar el pelo de Hemingway? ¡Vamos a averiguarlo!"

2 Vean el Episodio 2.

3 Pídale a los estudiantes que compartan con un compañero o compañera, cuándo fue la última vez que perdonaron a alguien. Si ve que se les dificulta, recuérdeles cuando Ben destruyó la pintura de Sarah con la pelota de fútbol y como Sarah fue muy descuidada al usar el cepillo de dientes de Ben para cepillar el pelo de Hemingway.

Cuando escogemos no perdonar, le damos la espalda a Dios y a la-mejor-versión-de-nosotros-mismos.

Vuelve a Descubrir a Jesús

Perdón

¿Alguna vez has hecho algo sabiendo que estaba mal? ¿Cómo te hizo sentir?

Todos fallamos y tomamos malas decisiones algunas veces. San Pablo nos enseña que todos hemos pecado y no hemos estado a la altura de lo que Dios sueña para nosotros. Estas son sólo algunas de las razones por las que Dios nos bendice con el Sacramento de la Reconciliación.

Mis Notas:

_____

_____

_____

_____

_____

_____

¿Cuándo fue la última vez que perdonaste a alguien? ¿Cuándo fue la última vez que alguien te perdonó a ti?

No hablamos del perdón para culparnos o sentirnos mal acerca de nosotros mismos. Dios no quiere eso. Hablamos de estas cosas para poder hacer algo acerca de ellas.

10 minutos

Sean buenos y comprensivos unos con otros, perdonándose mutuamente como Dios los perdonó en Cristo.

Efesios 4,32

Paso a Paso

1 Lea el texto en voz alta. Si funciona para su clase, usted puede leer la historia en general y buscar dos voluntarios, uno para que lea las líneas de Max y otro/a las de la mamá de Max.

Max y Su Habitación

Aquí está una historia para ayudarnos a todos a entender. Un día, Max obtuvo su propia habitación. Todo estaba perfecto y en su lugar. Pero al día siguiente, después de la Iglesia, Max tiró su ropa especial para ir a misa en suelo cuando se cambio para salir a jugar con sus amigos. En ese momento, no se dio cuenta, pero éste fue el comienzo de un creciente problema.

El siguiente día, Max tiró su pijama en el suelo en vez de ponerla en su lugar. Esa tarde, después del fútbol, dejó su uniforme de fútbol en el suelo en medio de la habitación. Al otro día comió papitas y una barra de chocolate, y en lugar de poner los envoltorios en el basurero, los tiró en el suelo.

Esto continuó por tres semanas. Max siguió tirando cosas donde no iban. Entonces, un día, llegó a la casa y no podía abrir la puerta de su habitación. Fue a buscar a su madre y le preguntó, "Mamá, ¿por qué cerraste con llave mi cuarto?"

Mis Notas:

_____

_____

_____

_____

_____

_____

_____

Usted no puede volverse más como Cristo y quedarse como está.

Semillas de Mostaza

"Yo no cerré tu cuarto con llave", dijo su mamá.

"Bueno, no puedo entrar. Alguien tiene que haberla cerrado con llave".

La mamá de Max trató de entrar, pero no pudo. "Tal vez algo está bloqueando la puerta", dijo ella.

Los dos salieron y miraron por la ventana para ver qué estaba bloqueando la puerta. Se asombraron con lo que vieron. Todo lo que Max había estado dejando en el suelo durante semanas se había acumulado delante de la puerta y estaba impidiéndole entrar en su cuarto.

5 minutos

sugerencia

¿Se está divirtiendo? No puede esperar que sus estudiantes se diviertan si usted no se está divirtiendo con ellos. Si usted lee las historias, como por ejemplo la de hoy sobre Max, con un tono aburrido o como un simple libro de texto, no se logrará el objetivo. En cambio, dele vida a sus lecciones haciéndolas tan interactivas y atractivas como sea posible. Deje que su pasión por el catolicismo brille todos y cada uno de los días. Disfrute cada momento a plenitud, sus estudiantes lo notarán y lo apreciarán.

No estamos en paz con los demás porque no estamos en paz con nosotros mismos, y no estamos en paz con nosotros mismos porque no estamos en paz con Dios.

Tomás Merton

LEER Y EXPLORAR

Paso a Paso

1 Termine de leer la historia de Max en voz alta con la clase.

> El deseo más profundo de nuestro corazón no es hacer algo o tener algo, sino más bien, el deseo de paz.
>
> El Ritmo de la Vida

Cuando el papá de Max llegó a la casa, empujó la puerta fuertemente, forzando todo a moverse para que así Max pudiera trepar y entrar en su habitación.

Max pasó cuatro horas poniéndolo todo en su lugar. Puso su ropa en el armario o en el cesto de ropa sucia, puso todos sus juguetes en su lugar, y la basura en el basurero.

Cuando terminó, prometió nunca dejar que su habitación estuviera tan desordenada otra vez.

Mis Notas:

_____

_____

_____

_____

_____

_____

_____

Así como Max desordenó su habitación, algunas veces nosotros desordenamos nuestra alma. Dejamos pecaditos por aquí y por allá, y antes de darnos cuenta, están amontonándose.

Jesús quiere trabajar contigo para ordenar tu alma. Eso es lo que va a hacer durante tu Primera Reconciliación.

5 minutos

sugerencia

El respeto es la base de muchas cosas. Nosotros no respetamos a los maestros que nos dejan salirnos con la nuestra. Nosotros respetamos a los que son firmes pero justos y que a la vez se interesan por nosotros de corazón.

No tienes que merecer; sólo tienes que estar dispuesto.

Santo Padre Pío

113

VER Y DISCUTIR

Paso a Paso

1 Introduzca el Episodio 3 diciendo: "Yo nunca había entendido que eran los sacramentos hasta que vi este episodio".

2 Vean el Episodio 3.

3 Actividad: ¡ESTÍRENSE! Dirija a los estudiantes en unos ejercicios de estiramiento. Hágalos ponerse de pie y seguir sus instrucciones para energizarse por medio del ejercicio. Estírense tratando de tocar el techo, luego continúen con los brazos arriba y muévanse un poco a la derecha y luego a la izquierda. Pídales que muevan sus brazos hacia abajo y sin doblar las rodillas traten de tocar los dedos de sus pies.

Dios no pide mucho de ti, sólo que cooperes con la gracia que Él te da en cada momento.

Semillas de Mostaza

¿Qué es un Sacramento?

Un Sacramento es la celebración del amor de Dios por la humanidad. Por medio de los Sacramentos Dios nos llena con la gracia que necesitamos para convertirnos en la-mejor-versión-de-nosotros-mismos, para crecer en virtud, y vivir una vida santa.

No es fácil convertirse en la-mejor-versión-de-ti-mismo/a.

No es fácil crecer en virtud.

No es fácil vivir una vida santa.

Necesitamos la ayuda de Dios. Necesitamos la gracia de Dios y el primer paso es saber que la necesitamos.

Mis Notas:

_____

_____

_____

_____

_____

_____

_____

Imagina hacer un viaje de Nueva York a San Francisco. Empiezas caminando. No es difícil caminar por unas cuadras, pero es difícil caminar por casi tres mil millas de Nueva York a San Francisco.

Después de un par de días caminando, piensas, "Necesito una bicicleta". Pero después de un par de días montando bicicleta, eso tampoco parece tan bueno. Sigues pedaleando y entonces tu sacerdote llega a tu lado y te dice, "Raquel, lo que necesitas es un autobús". Llega el autobús y tú te subes. Resulta que Jesús es el que va manejando, y te dice, "Hola Raquel, yo voy a ayudarte a llegar allá".

Los Sacramentos y la gracia que recibimos a través de ellos son como el autobús de Jesús. Nos ayudan a llegar a dónde necesitamos ir – no a San Francisco, sino al cielo.

8 minutos

sugerencia

Cuando los niños son expuestos a Jesús, a la verdad y a la virtud, ellos responden con entusiasmo y generosidad. En un mundo que busca ahogarlos con lo frívolo y lo superficial, la mayoría de los chicos descubren que un poco de seriedad es profundamente agradable para su alma.

Dios tiene poder para colmarlos de todos sus dones, a fin de que siempre tengan lo que les hace falta, y aún les sobre para hacer toda clase de buenas obras.

2 Corintios 9,8

Paso a Paso

1 Introduzca el Episodio 4: "Este es uno de mis episodios favoritos. ¡Estoy emocionado/a porque ustedes van a verlo hoy!".

2 Vean el Episodio 4.

Dale tu vida a Dios. Es lo único que Él desea de ti.

Semillas de Mostaza

¿Qué es la Reconciliación?

Bueno, primero, la Reconciliación es un Sacramento. De modo que es una de las formas en que Dios nos bendice con la gracia para convertirnos en la-mejor-versión-de-nosotros-mismos, para crecer en virtud, y vivir una vida santa.

En particular, la Reconciliación es una oportunidad para hablarle a Dios sobre las veces que hemos fallado, que hemos tomado pobres decisiones, que no hemos sido la-mejor-versión-de-nosotros-mismos, o que le hemos dado la espalda a Él y a sus maravillosos planes para nosotros. La Reconciliación es una oportunidad para decirle que lo sentimos y pedirle perdón.

También es una oportunidad para que el sacerdote comparta algunas ideas sobre cómo podemos hacer las cosas mejor en el futuro. Nuestro sacerdote es uno de nuestros entrenadores espirituales. Los grandes campeones escuchan a sus entrenadores.

Todos fallamos, y eso puede pesar sobre nosotros. Si no vamos a la Reconciliación, nuestro corazón puede hacerse pesado. Por medio del Sacramento de la Reconciliación Dios perdona nuestros pecados y quita el peso de esas cosas de nuestro corazón, para que podamos vivir alegres y compartir su alegría con las demás personas.

Mis Notas:

_____

_____

_____

_____

_____

_____

_____

_____

5 minutos

No pierdan una sola oportunidad de hacer algún pequeño sacrificio; aquí, mediante una mirada sonriente; allí, mediante una palara bondadosa; siempre haciendo el bien más pequeño y haciéndolo todo por amor.

Santa Teresa de Lisieux

117

Paso a Paso

1 Antes de que inicie el episodio pregunte: "¿Cómo se siente ser el hijo o hija de un gran Rey?".

2 Vean el Episodio 5.

> **Si no tiene tiempo para rezar y leer las Escrituras, usted está más ocupado de lo que Dios quería que usted estuviera.**
>
> Momento Decisivo

De la Biblia: El Padre Nuestro

Tú eres el hijo o hija de un gran Rey. Dios es ese gran Rey. Jesús quería que lo supieras. A lo largo de su vida nos recordó una y otra vez que somos hijos de Dios.

Con frecuencia, los discípulos vieron a Jesús salir hacia un lugar tranquilo para rezar. Tenían curiosidad acerca de la oración y le pidieron que les enseñara a orar (Mateo 6, 9–13).

Mis Notas:

_____

_____

_____

_____

_____

_____

_____

Jesús los enseñó a decir:

**Padre nuestro,
que estás en el cielo,
santificado sea tu Nombre;
venga a nosotros tu reino;
hágase tu voluntad
en la tierra como en el cielo.
Danos hoy nuestro pan de cada día;
perdona nuestras ofensas,
como también nosotros perdonamos
a los que nos ofenden;
no nos dejes caer en la tentación,
y líbranos del mal.**

Amén.

Cada mañana, cuando te despiertes, empieza tu día rezando el Padre Nuestro. Cada noche, antes de dormir, acaba tu día rezando el Padre Nuestro.

5 minutos

sugerencia

Una de las tareas más difíciles de un maestro o catequista es manejar a los niños que se resisten a aprender o que interrumpen la clase... Aquí tiene unas sugerencias básicas para ayudarle a manejar positivamente este tipo de comportamientos y prevenir que estos influyan negativamente en el éxito de la clase.

- DELE A LOS NIÑOS UN POCO DE RESPONSABILIDAD. POR EJEMPLO, DEJARLOS QUE SE ENCARGUEN DE PASAR LOS LÁPICES AL INICIO DE LA CLASE O APAGAR LAS LUCES ANTES DE CADA EPISODIO ANIMADO.

- AYÚDELES A SER PARTE DEL GRUPO, RECONOCIÉNDOLOS CUANDO ELLOS PARTICIPAN Y APRECIANDO SUS ESFUERZOS.

- MANTENGA UN BUEN SENTIDO DEL HUMOR SIN IMPORTAR LO MUCHO QUE PONEN SU PACIENCIA A PRUEBA.

- SEA FIRME E INFLEXIBLE, PERO JUSTO/A. MUY PROBABLEMENTE ESTO HARÁ QUE A ELLOS USTED NO LES CAIGA BIEN, PERO SERÁ RESPETADO/A.

Antes de que ustedes pidan, su Padre ya sabe lo que necesitan.

Mateo 6,8

119

VER Y DISCUTIR

Paso a Paso

1 Compártales un adelanto del siguiente episodio. Dígales: "En este Episodio, Hemingway se ha perdido. ¡Veámoslo para saber si Ben y Sarah lo logran encontrar!". Recuerde, hacerles saber que usted se ha preparado para su tiempo juntos vale la pena. Ellos lo notan.

2 Vean el Episodio 6.

> **Cuando llegues a reconocer que eres hijo o hija de Dios, también te darás cuenta de que no te falta absolutamente nada.**
>
> Semillas de Mostaza

Mis Notas:

_____

_____

_____

_____

_____

_____

_____

Dios te ha Bendecido

Eres el hijo o hija de un gran Rey. Jesús quiere que recordemos siempre que Dios es nuestro Padre y que somos hijos de Dios.

Ahora digamos todos juntos:

Dios me ha bendecido. Soy el hijo/hija de un gran Rey. Él es mi Padre y mi Dios. El mundo puede alabarme o criticarme. No importa. Él está conmigo, siempre a mi lado, guiándome y protegiéndome. No tengo miedo porque le pertenezco.

🕐 **10 minutos**

sugerencia

Si usted está siguiendo el formato sugerido de 90 minutos, este episodio marca aproximadamente la mitad de la sesión. Es un buen momento para hacer un breve descanso. Si está atrasado/a, revise rápidamente lo que le hace falta y vea cómo puede ponerse al día. Si va adelantado/a, busque en los próximos 45 minutos una oportunidad para generar una conversación interesante con el grupo. Si va a tiempo, ¡siga adelante!

_____
_____
_____
_____
_____
_____
_____

Yo seré un Padre para ustedes, y ustedes serán mis hijos e hijas, dice el Señor Todopoderoso.

2 Corintios 6,18

121

Paso a Paso

1. Lea la historia del Buen Pastor en voz alta.

Cuando perdonamos, compartimos el amor de Dios con otras personas y nos libramos de venenos peligrosos que pueden prevenir que crezcamos espiritualmente.

Vuelve a Descubrir a Jesús

El Buen Pastor

A Jesús le encantaba compartir su sabiduría con las personas contando historias. Una de las historias que contaba era sobre un pastor.

Este pastor tenía cien ovejas y las quería a todas y cada una de ellas y las cuidaba muy bien. Se aseguraba de que tuvieran mucha comida y mucha agua, y cuando los lobos salvajes venían él los alejaba de sus ovejas.

Un día, una de las ovejas se perdió. El contó sus ovejas, pero sólo eran noventa y nueve. El pastor estaba muy triste.

Así que él fue a buscar a la oveja perdida. Buscó en los ríos y en las montañas. Finalmente, oyó llorar a la oveja. Su pata se había enredado en en un alambre y no podía soltarse.

Mis Notas:

_____

_____

_____

_____

_____

_____

_____

5 minutos

sugerencia

Es raro que un niño cambie su comportamiento o adquiera conocimientos nuevos después de oír algo una sola vez. Los niños necesitan oportunidades para repetir actividades, o que se les repitan las ideas para reforzar conceptos claves. Es por eso, que a lo largo de este libro usted verá que el texto les está recordando constantemente que Dios nunca los abandonará. No importa cuántas veces se les recuerde esto en el texto, esto nunca se verá como una exageración. Nunca. Siempre que usted esté con sus niños asegúrese de recordarles constantemente que Dios los ama de manera infinita.

Yo soy el Buen Pastor y conozco a mis ovejas como ellas me conocen a mí. Lo mismo que el Padre me conoce a mí y yo conozco al Padre. Y yo doy mi vida por mis ovejas.

Juan 10,14–15

123

LEER Y EXPLORAR

Paso a Paso

1 Terminen de leer la historia del Buen Pastor.

Con mucho cuidado, el pastor sacó la pata de la oveja del alambre, la levantó, la tomó en sus brazos y la llevó cargada hasta la casa. Estaba lleno de alegría porque había encontrado la oveja perdida, y se regocijó.

El pastor era un pastor muy bueno. Amaba a sus ovejas, y sus ovejas lo amaban a él.

Dios Padre es el pastor y nosotros somos sus ovejas. Él quiere cuidarnos. No quiere que nos perdamos; pero si nos perdemos Él nos busca para salvarnos y llevarnos a casa.

Jesus quiere conducirnos a la casa que Dios Padre ha preparado para nosotros en el cielo.

Adaptado de Juan 10,1–21

Mis Notas:

_____

_____

_____

_____

_____

_____

_____

> Cuando del Cielo se trata, sospecho que habrá muchas sorpresas. Entre ellas, pienso que la mayoría de las personas se asombrará, al darse cuenta de cuánto son amadas y cuán encantadoras son.

Los Cuarto Signos de Catolico Dinamico

5 minutos

sugerencia

De vez en cuando, uno de sus niños hará una pregunta o un comentario sobre un punto que no tendrá sentido para el resto de la clase. Cuando esto suceda tómelo como una oportunidad para ofrecer un ejemplo o dar información adicional; asegurándose así que todos estan comprendiendo. Esto hará que todos estén en sintonía, y a la vez será muy útil para hacerle ver al niño/a que hizo la pregunta o el comentario, que su contribución es importante.

No somos la suma de nuestras debilidades y fracasos; somos la suma del amor del Padre por nosotros y nuestra capacidad real para convertirnos en la imagen de su Hijo.

San Juan Pablo II

LEER Y EXPLORAR

Paso a Paso

1 Dele a los niños la oportunidad de explorar la ilustración, hacer preguntas, e imaginarse que ellos están dentro de la ilustración.

2 Pregúntele a los estudiantes: "¿Dios siempre los va a amar?, haga que toda la clase responda: ¡Sí!". Sígales preguntando hasta que lo digan lo más fuerte posible.

Una de las maneras en que Dios nos ama es revelándose a nosotros. Él no es un Dios distante, anónimo; Él nos permite conocerlo.

Momento Decisivo

Dios Siempre te Amará

Como la oveja de la historia, todos nos perdemos de vez en cuando. Cuando lo hacemos, es bueno ir a la Reconciliación y decir lo siento.

Algunas veces cuando hacemos algo malo, podemos pensar que ya no le agradaremos a algunas personas. Hasta podemos caer en la tentación de pensar que Dios ya no nos amará. Pero eso nunca es cierto.

Dios siempre te amará. Nada que tú hagas lo hará dejar de amarte. Todos cometemos errores, fallamos y tomamos malas decisiones de vez en cuando. Pero Dios nunca deja de amarnos. Necesitas recordar esto siempre.

Puedes pensar que has hecho algo horrible y que Dios nunca te perdonará. Pero ese es un pensamiento feo y equivocado. Dios no quiere que pienses así. Él siempre está dispuesto a perdonarnos cuando lo sentimos, y no hay nada que tu puedas hacer que haga que Él deje de amarte.

Dios te ama muchísimo. Él te ama tanto, que todos los días quiere ayudarte a convertirte en la-mejor-versión-de-ti-mismo.

Mis Notas:

_____

_____

_____

_____

_____

_____

_____

5 minutos

sugerencia

En este momento, es parte de su misión inspirar a sus niños o, por lo menos, guiarlos hacia la inspiración. Mostrarles nuevas posibilidades, capturar su imaginación, y mostrarles que son capaces de cosas que ni siquiera se atreven a soñar.

Que nadie se lamente por haber caído una y otra vez, ¡porque el perdón se ha levantado de la tumba!

San Juan Crisóstomo

MUESTRA LO QUE SABES

Paso a Paso

1 Pídale a los niños que completen la hoja de actividades ya sea ellos solos, con un compañero/a, o en grupo.

2 Luego de tres minutos, pregúntele a la clase: "¿Tienen dificultades con alguna pregunta?"

3 Brevemente explique la respuesta a la pregunta y muéstreles en su libro de actividades la página en donde pueden encontrar la respuesta.

La vida es una larga jornada. Cada día llegamos a muchas encrucijadas en el camino, y tenemos que decidir qué ruta seguiremos.

Momento Decisivo

Muestra lo que sabes

Verdadero o Falso

1. **T** El perdón es esencial para una relación saludable. (p 107)

2. **F** Dios no nos perdona. (p 126)

3. **F** Dios nos da la confesión para que podamos sentirnos mal acerca de nosotros mismos. (p 109)

4. **T** Tu sacerdote es uno de tus entrenadores espirituales. (p 116)

5. **T** Dios siempre está dispuesto a perdonarte. (p 126)

Llena los espacios en blanco

1. A Dios le encanta una relación **saludable** contigo y con otros. (p 107)

2. Dios te invita a convertirte en la-mejor-versión-de-ti-mismo porque quiere que vivas una vida santa y que seas **feliz** . (p 106)

3. En las relaciones, dos de las lecciones más importantes de la vida son: cómo **perdón** y cómo ser **perdonado** . (p 107)

4. En el **Padre Nuestro** rezamos, "perdona nuestras ofensas así como nosotros perdonamos a los que nos ofenden." (p 107)

Mis Notas:

_____

_____

_____

_____

_____

_____

_____

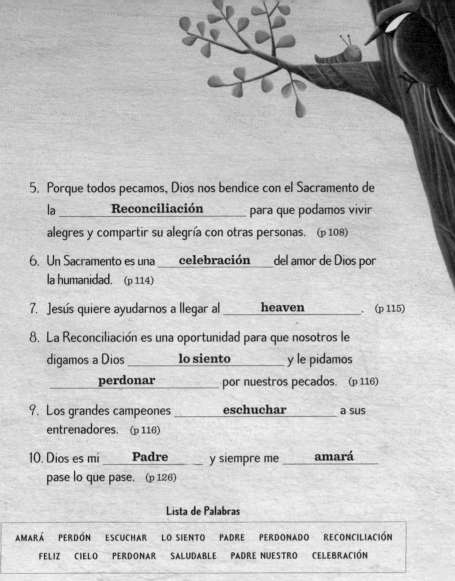

5. Porque todos pecamos, Dios nos bendice con el Sacramento de la _____Reconciliación_____ para que podamos vivir alegres y compartir su alegría con otras personas. (p 108)

6. Un Sacramento es una ____celebración____ del amor de Dios por la humanidad. (p 114)

7. Jesús quiere ayudarnos a llegar al _____heaven_____. (p 115)

8. La Reconciliación es una oportunidad para que nosotros le digamos a Dios _____lo siento_____ y le pidamos _____perdonar_____ por nuestros pecados. (p 116)

9. Los grandes campeones _____eschuchar_____ a sus entrenadores. (p 116)

10. Dios es mi ____Padre____ y siempre me ____amará____ pase lo que pase. (p 126)

Lista de Palabras

AMARÁ	PERDÓN	ESCUCHAR	LO SIENTO	PADRE	PERDONADO	RECONCILIACIÓN
FELIZ	CIELO	PERDONAR	SALUDABLE	PADRE NUESTRO	CELEBRACIÓN	

10 minutos

sugerencia

Si está dispuesto/a a rendirse y servir a Dios sirviendo al prójimo en el ministerio, usted verá milagros. Quizás usted no verá literalmente caminar al paralítico o a un ciego recuperar la vista, pero metafóricamente verá eso y cosas mucho más grandes. La vida de los maestros y de los catequistas es una vida de sacrificios, pero esos sacrificios generan milagros diariamente.

Nunca se logra algo grande sin haber soportado mucho.

Santa Catalina de Siena

DIARIO CON JESÚS

Paso a Paso

1 Invite a sus niños a escribirle una carta a Jesús.

2 Pídale a los niños que permanezcan en silencio mientras escriben en su diario.

3 Sí usted lo desea puede poner música tranquila de fondo, para ayudar a crear un ambiente propicio a la reflexión y motivar a los estudiantes a permanecer en silencio y enfocados en su diario con Jesús.

Puede buscar la felicidad en todo el mundo, pero lo eludirá hasta que se dé cuenta de que solamente se encuentra cuando se la llevamos al prójimo.

Momento Decisivo

Mis Notas:

_____

_____

_____

_____

_____

_____

_____

Diario con Jesús

Querido Jesús,

Yo sé que siempre me amarás porque . . .

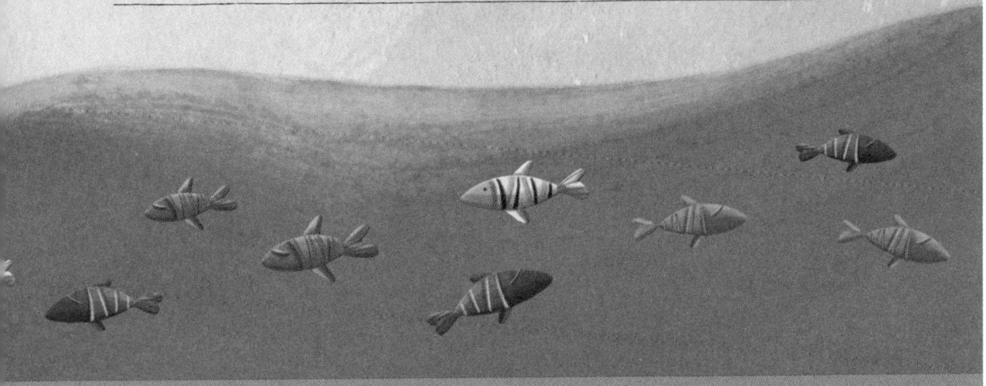

5 minutos

sugerencia

La rutina es hermosa. Pasamos una gran parte de nuestra vida rebelándonos en contra de ella, pero la verdad es que las rutinas sacan a relucir lo mejor de nosotros. Motive a los niños a desarrollar rutinas saludables en su vida y a incluir en ellas la rutina diaria de escribir un diario.

Grande es la influencia del maestro en sus alumnos si ellos lo aman.

San Juan Bosco

ORACIÓN FINAL

Paso a Paso

1 Introduzca el Episodio 7 diciendo: "¡Estamos a punto de escuchar la historia de cómo David lucho contra el gran Goliat. Es una de las historias más famosas de toda la Biblia por una razón: es una historia impresionante!".

2 Vean el Episodio 7.

> Los santos no nacieron santos, y no era perfectos. Eran hombres y mujeres como nosotros que se dieron cuenta de que su visión del mundo estaba en ruinas, así que se convirtieron, buscando a Dios y la visión que Él tenía para sus vidas. Ustedes también pueden hacer eso.

Momento Decisivo

Dios Escoge Personas Comunes

Desde el comienzo de los tiempos, Dios ha estado usando a personas comunes para lograr cosas extraordinarias. El Rey David es justo un ejemplo. El venía de una familia grande y de niño trabajó en el campo como pastor.

Un día, David le llevó el almuerzo a sus siete hermanos que estaban en el campo de batalla defendiendo a Israel en contra de los filisteos. David llegó y oyó al gigante Goliat burlándose de los israelitas y de Dios. Goliat era el más grande guerrero de los filisteos y creía que era más poderoso que Dios. Todos le tenían miedo y se negaba a pelear con él.

Creyendo en el poder de la protección de Dios, David se ofreció a pelear con Goliat. Dios le dio mucho valor a David y lo ayudó a matar a Goliat. Nadie podía creer que el joven David podría derrotar al gran guerrero Goliat. Pero con Dios, cualquier cosa es posible.

Más tarde en su vida, después de la muerte del Rey Saúl, David se convirtió en Rey de Israel. Hasta Jesús, David fue el rey más grande en la historia de Israel. Pero David no era perfecto. Cuando David se puso a la disposición de Dios, grandes cosas pasaron. Cuando se cerró a Dios, su vida empezó a desplomarse. Con Dios, era feliz. Cuando se alejaba de Dios, era miserable.

Adaptado de 1 Samuel, 17 y 2 Samuel, 4.5

Mis Notas:

_____

_____

_____

_____

_____

_____

_____

3 minutos

sugerencia

La mentira más grande sobre el cristianismo en la historia, no es la que otras personas dicen sobre nosotros los cristianos. Es una mentira que nos decimos nosotros mismos: la santidad no es posible. Esa mentira neutraliza nuestro cristianismo. Es diabólica. ¡La santidad es posible! Dios usa las personas más improbables para hacer sus obras más grandes. Casi nunca usa a aquellos que están en puestos de poder y autoridad; no usa necesariamente a los más educados, o a los mejor parecidos, ni siquiera a los más calificados. ¿A quién usa Dios para hacer sus obras más impactantes aquí en la Tierra? Usa a las personas que se ponen a su disposición. ¿Cuán disponible está usted para Dios? ¿Diez por ciento, 50 por ciento, 95 por ciento? O ¿está 100 por ciento disponible para cualquier cosa que Dios lo llame hoy? Si quiere ver que pasen cosas increíbles en su vida y en la vida de sus niños, póngase a la disposición de Dios.

No gasten sus energías en cosas que generan preocupación, ansiedad, y angustia. Solo una cosa es necesaria: Elevar su espíritu y amar a Dios.

Santo Padre Pío

133

ORACIÓN FINAL

Paso a Paso

1 Pregúntele a los niños: "¿Cuáles son algunas de las cosas más importantes que aprendiste en esta sesión?".

- DIOS AMA LAS RELACIONES SALUDABLES.
- EL PERDÓN ES ESENCIAL PARA LAS RELACIONES SALUDABLES.
- LA RECONCILIACIÓN LIMPIA EL DESORDEN DE NUESTRA ALMA.
- DIOS SIEMPRE ESTÁ DISPUESTO A PERDONARME CUANDO PIDO PERDÓN.
- JESÚS QUIERE QUE YO VAYA AL CIELO.
- YO SOY EL HIJO/LA HIJA DE DIOS.
- DIOS ESCOGE GENTE ORDINARIA PARA HACER COSAS EXTRAORDINARIAS.

¿A quiénes usa Dios para hacer su obra más impactante aquí en la Tierra? Dios usa a las personas que se ponen a su disposición.

Momento Decisivo

Oración Final

El Rey David reconoció estos patrones de felicidad y miseria en su vida. Aprendió que cuando dejaba que Dios lo guiara, como cuando él de niño acostumbraba a guiar a las ovejas en las praderas, él era muy feliz. Con esta sabiduría el escribió una de las más famosas oraciones de todos los tiempos. Se llama el Salmo 23:

> El Señor es mi pastor, nada me falta;
> en verdes pastosme hace reposar.
> Junto a tranquilas aguas me conduce;
> y reconforta mi alma.
> Me guía por sendas de justicia por amor a su nombre.
> Aún si voy por valles tenebrosos, no temo peligro alguno
> porque Tú estás a mi lado; Tu vara de pastor me reconforta.
> Dispones ante mí un banquete en presencia de mis enemigos.
> Has ungido con perfume mi cabeza, has llenado mi copa a rebosar.
> La bondad y el amor me seguirán todos los días de mi vida;
> y en la casa del Señor habitaré para siempre.
>
> **Amén.**

Mis Notas:

_____
_____
_____
_____
_____
_____
_____
_____

2 minutos

sugerencia

Comparta con sus niños una manera en que su vida ha cambiado por haber perdonado o haber sido perdonado/a.

La oración nos da luz para ver y juzgar desde la perspectiva de Dios y de la eternidad. ¡Es por eso que tenemos que seguir orando!

San Juan Pablo II

5

Tu Primera Reconciliación

GUÍA RÁPIDA DE LA SESIÓN

Oración de Apertura . . . . 2 min

Ver y Discutir; Leer y Explorar . . . . 71 min

Muestra lo que Sabes . . . . 10 min

Diario con Jesús . . . . 5 min

Oración Final . . . . 2 min

OBJETIVOS

- **DEMOSTRAR** que la Reconciliación es una bendición para toda la vida.

- **EXPLICAR** que, sin importar que tanto nos alejemos de Dios, Él nunca deja de motivarnos a convertirnos en la-mejor-versión-de-nosotros-mismos, crecer en virtud, y vivir una vida santa.

- **ENSEÑAR** que la Primera Reconciliación es un gran momento de la vida.

LA RECONCILIACIÓN ES . . .

- ## Un regalo de sanación.
- ## Una oportunidad para volver a empezar.

BIENVENIDA

Ayudar a los chicos a encontrar y andar en los caminos de Dios no es fácil. Algunas veces ellos lo/la desgastarán y otras lo/la frustrarán más de lo que usted se pueda imaginar; por eso, es crítico que usted permanezca en contacto con sus "porqués".

¿Por qué está aquí? ¿Por qué es importante para usted que sus estudiantes descubran la genialidad del catolicismo? ¿Por qué le apasiona ayudar a estos chicos a desarrollar una vida llena de fe? Mientras más permanezca conectado/a con sus "porqués" más se apasionará. Tome unos minutos para reflexionar sobre esto antes de cada clase; generará una nueva energía en su interior.

Recuerde sonreír, hacerlos sentir bienvenidos, decirles que los extraña y que ha estado pensando en ellos.

Icono Oración

Leer y Explorar

Ver y Discutir

Muestra lo que Sabes

Diario con Jesús

Medidor de Tiempo

ORACIÓN DE APERTURA

Paso a Paso

1 Tome unos minutos para que los niños se tranquilicen y hagan silencio.

2 Lea en voz alta la oración de apertura.

La vida es demasiado corta para vivirla sin entusiasmo y extremadamente corta para perderse en el trabajo pesado y el ajetreo de cada día.

El Ritmo de la Vida

Mis Notas:

_____

_____

_____

_____

_____

_____

_____

5

Tu Primera Reconciliación

Dios nuestro, Padre amoroso,
gracias por todas las formas en que me bendices.
Ayúdame a estar consciente de que cada persona,
cada lugar, y cada aventura que experimento
es una oportunidad para amarte más.
Lléname con el deseo de cambiar y crecer,
y dame la sabiduría para escoger ser
la-mejor-versión-de-mí-mismo en
cada momento de cada día.

Amén.

2 minutos

sugerencia

Háblele a los candidatos sobre la importancia que tienen los momentos de silencio en nuestra vida. Anímenlos a crear el hábito de tomar unos minutos para orar en silencio todos los días por el resto de su vida. Recuérdeles que habrán momentos difíciles en su vida y momentos en que se sentirán confundidos, pero que es justo en esos momentos en que ellos deben de acercarse más Dios en oración para pedirle que los guie.

Inicie la sesión con la Señal de la Cruz, y luego invítenlos a cerrar los ojos mientras usted lee la oración de apertura lentamente.

Porque inclina hacia mí su oído para escuchar, rezaré mientras tenga aliento.

Salmo 116,2

VER Y DISCUTIR

Paso a Paso

1 Vean el Episodio 1.

2 En el Episodio 1, Tiny experimenta un gran momento. Luego del episodio, pídale a los niños que compartan un gran momento de sus vidas: su cumpleaños favorito, su primer gol en un partido de fútbol, su primera mascota, etc. No dude en compartir uno de los grandes momentos de su vida con ellos.

El reto es aprender a divertirse haciendo lo que más importa.

El Ritmo de la Vida

Grandes Momentos de la Vida

La vida está llena de grandes momentos. Tu nacimiento, fue un gran momento. La Navidad, la Pascua de Resurrección, los días de fiesta, y los cumpleaños son grandes momentos.

La primera vez que metes un gol en fútbol es un gran momento. El día que te gradúas de la Universidad es un gran momento. Obtener tu primer trabajo es un gran momento. Descubrir tu vocación es un gran momento.

Mis Notas:

_____

_____

_____

_____

_____

_____

_____

Los momentos comunes también pueden ser grandes — como una hermosa puesta de sol, una cena fabulosa con la familia o conocer a un nuevo amigo.

Tu Primera Reconciliación va a ser uno de los grandes momentos de tu vida.

5 minutos

Recuerden que... nada es pequeño a los ojos de Dios. Hagan todo lo que hacen con amor.

Santa Teresa de Lisieux

139

LEER Y EXPLORAR

Paso a Paso

1 Tome un momento para el autodescubrimiento. De a los niños unos momentos para examinar la ilustración. Asegúrese que noten las bellas flores y la fabulosa fuente. Después pregúnteles: "¿Hay algo fuera de lugar? ¿Ven algo que no hace juego con el hermoso jardín? Correcto, ¡el horrible, terrible arbusto de espinas!".

2 Luego, lea el texto en voz alta y dramatícelo con su tono voz. Es una gran historia, así que ¡asegúrese de divertirse con ella!

Vivimos nuestra vida para una sola audiencia: Dios.

Resistiendote a la Felicidad

El Jardín de Tu Corazón

Imagina que estás en un hermoso jardín. Es primavera y la hierba está verde, el sol brilla, las flores están abriéndose con brillantes colores, mariposas están revoloteando, abejas zumban y pajarillos cantan alegremente.

Entonces, notas algunas hierbas malas desagradables y algunos arbustos de espinas que han crecido en el borde del jardín.

Mis Notas:

_____

_____

_____

_____

_____

_____

_____

Ahora viene el jardinero. Riega todas las flores, canta con los pájaros, disfruta la luz del sol, y acaricia los conejitos que pasan saltando. Al caminar por el jardín, nota lo que tú notaste: las desagradables hierbas malas y los crecidos arbustos de espinas. Él no se enoja; sólo sonríe amorosamente y se pone a trabajar. Cuidadosamente arranca la mala hierba y quita los arbustos con espinas. Después trilla el terreno y planta algunas semillas para que esta área pueda ser tan hermosa como el resto del jardín.

5 minutos

sugerencia

Cuando los estudiantes hablen, présteles toda su atención. Asegúrese de que ellos sepan por su lenguaje corporal que usted está profundamente interesado/a en lo que están diciendo — y, por ende en ellos.

Hagan, pues, que brille su luz ante los hombres; que vean estas buenas obras, y por ello den Gloria al Padre de ustedes que está en los Cielos.

Mateo 5,16

LEER Y EXPLORAR

Paso a Paso

1 Lea el resto del texto en voz alta.

2 Cuando diga la frase "Jesús es el jardinero", asegúrese de proyectar emoción y sorpresa. Los niños seguirán su ejemplo. Si usted se emociona y sorprende, ellos lo también harán.

Encuentre algo bueno en cada persona que encuentre, y ayude a que eso crezca.

Semillas de Mostaza

El jardín en esta historia es tu corazón. Las bellas flores en el jardín son el amor que llevas en tu corazón por Dios, tu familia y tus amigos.

Cada vez que tomas una buena decisión, el jardín se vuelve aún más hermoso. Cada vez que ayudas a un amigo, una flor florece. Cada vez que escoges escuchar a tus padres, la hierba se vuelve un poquito más verde. Pero cada vez que empujas a alguien en el patio de recreo o te adelantas a alguien en la fuente de agua, una mala hierba crece en tu jardín. Y cada vez que dices una mentira o pronuncias una mala palabra, un arbusto de espinas empieza a crecer.

Mis Notas:

_____

_____

_____

_____

_____

_____

_____

Jesús es el jardinero. Él quiere vivir en tu corazón. A Él le encanta caminar en tu jardín, disfrutando la belleza de tu corazón. También quiere quitar todas las malas hiervas y los arbustos de espinas de tu jardín. Las malas hierbas son los pecados pequeños; los arbustos de espinas son tus pecados grandes. Si no te deshaces de la mala hierba y los arbustos de espinas justo cuando ellos empiezan a crecer, pueden esparcirse muy pronto y ocupar todo el jardín.

En el Sacramento de la Reconciliación invitamos a Jesús, el jardinero, a venir al jardín de nuestro corazón y quitar la mala hierba y los arbustos de espinas.

3 minutos

sugerencia

Recuerde, la repetición es un instrumento poderoso de aprendizaje, así que al terminar de leer pregúnteles: "¿Quién es el jardinero de su corazón?". No deje que simplemente balbuceen "Jesús" o que lo digan suavemente. Siga preguntándoles hasta que lo digan en voz alta y ¡con orgullo!

Les he hablado de estas cosas, para que tengan paz.

Juan 16,33

143

VER Y DISCUTIR

Paso a Paso

1 Introduzca el episodio: "Nosotros nos preparamos para todos los grandes momentos de nuestra vida, y aquí está el porqué...".

2 Vean el Episodio 2 y 3.

3 Actividad: EL JUEGO DE LAS SILLAS. Coloque dos filas de sillas una a espaldas de la otra. El total de sillas es igual al numero de participantes menos uno. Ponga música mientras los niños caminan alrededor de las sillas. Cuando usted apague la música inesperadamente todos tienen que tratar de sentarse en una de las sillas. Un participante se quedará sin silla y le tocará salir de juego. Repita el juego hasta que todos hayan perdido la silla o por unos tres minutos.

Los sueños se hacen realidad cuando la oportunidad y la preparación se encuentran.

El Ritmo de la Vida

La Preparación Importa

Nos preparamos para todo lo importante.

No esperarías ganar un gran torneo de fútbol si no has estado practicando. No puedes esperar buenas notas si no estudias para tus exámenes. No irías a un viaje sin empacar y planear. La preparación es esencial para una gran experiencia.

Tú tienes la bendición de ser católico. Como católicos, nos preparamos para cada uno de los momentos católicos. Nos

Mis Notas:

_____

_____

_____

_____

_____

_____

_____

preparamos para la Navidad con el tiempo de Adviento. Nos preparamos para la Pascua de Resurrección con el tiempo de Cuaresma. Nos preparamos para la Misa con oración y ayuno.

Tú te has estado preparando para tu Primera Reconciliación. A medida que ese día maravilloso se acerca, hay que hacer unas últimas preparaciones.

12 minutos

Cada momento que vivimos es como un embajador que nos declara la voluntad de Dios.

Jean-Pierre de Caussade

LEER Y EXPLORAR

Paso a Paso

1 Elija cinco voluntarios para que cada uno de ellos lea en voz alta los "5 pasos para hacer una buena Reconciliación".

> Sabiduría no es amasar conocimientos. Sabiduría es la verdad vivida.
>
> El Ritmo de la Vida

Los Cinco Pasos

Tú te estas preparando para tu Primera Reconciliación. Esta será tu primera vez, pero no la última. Dios te ha bendecido.

La segunda vez que vayas a la Reconciliación sabrás qué hacer porque ya lo habrás hecho antes. Pero como ésta es tu primera vez, tiene sentido hacer un ensayo de lo que pasará exactamente.

Vamos a echar una ojeada al Sacramento de la Reconciliación paso a paso, para que sepas de que se trata. Después hablaremos de cada paso detalladamente para que sepas qué esperar.

Primero, es natural estar un poco nervioso. La primera vez que hacemos la mayoría de las cosas, nos sentimos nerviosos. Es como subirse a la montaña rusa: La primera vez estás realmente nervioso, pero mientras más la montas, menos nervioso te pones.

Mis Notas:

_____

_____

_____

_____

_____

_____

_____

Hay cinco pasos para hacer una buena Reconciliación. Aquí tienes una revisión general.

Paso 1: Examen de Conciencia

Esto es un ejercicio espiritual designado a ayudarnos a recordar cuándo fuimos o no la-mejor-versión-de-nosotrosmismos. Examinando nuestra conciencia nos volvemos conscientes de nuestros pecados.

Paso 2: Confesión

Aquí le decimos lo siento a Dios confesándole nuestros pecados por medio del sacerdote quien es un representante de Dios.

Paso 3: Penitencia

El sacerdote te pedirá que pases un tiempo rezando o que hagas una buena obra por alguien. Esto se llama penitencia, la cual es una manera de mostrarle a Dios que sientes sinceramente haber pecado.

Paso 4: Contrición

El Acto de Contrición es una breve oración que rezamos prometiendo no volver a pecar.

Paso 5: Absolución

El sacerdote extenderá las manos sobre tu cabeza y rezará un oración muy especial y poderosa. Actuando como representante de Dios, ¡te perdonará tus pecados!

5 minutos

sugerencia

En general, la mayoría de sus niños van a estar nerviosos acerca de su Primera Reconciliación. Es una experiencia nueva, con frecuencia, las experiencias nuevas asustan un poco. Tome un momento para compartir con ellos como fue su Primera Reconciliación. ¿Estaba nervioso/a? ¿Cómo se sintió después? ¿Cómo se siente acerca de la Reconciliación ahora?

La Confesión es un acto de honestidad y valor—un acto de confiarnos, más allá del pecado, a la misericordia de un Dios amoroso e indulgente.

San Juan Pablo II

VER Y DISCUTIR

Paso a Paso

1 Introduzca el siguiente episodio con la pregunta: "Alguna vez se han preguntado ¿qué es lo que pasa durante la Reconciliación?".

2 Vean el Episodio 4.

Desarrolle un fuerte e intransigente compromiso para convertirse en la-mejor-versión-de-sí-mismo/a. Tome las decisiones de su vida con ese propósito y esa meta en mente.

El Ritmo de la Vida

Paso 1: Examinamos Nuestra Conciencia

Para ayudarte a convertirte en la-mejor-versión-de-ti-mismo, y a vivir una vida santa, Dios te ha bendecido con una conciencia, la suave voz dentro de ti que te anima a hacer el bien y evitar el mal. Dios nos habla a través de nuestra conciencia.

Seguir nuestra conciencia nos hace felices. Ignorarla nos hace irritables, intranquilos, e infelices. Dios no quiere que estemos intranquilos ni que seamos infelices de modo que nos da el regalo

Mis Notas:

_____
_____
_____
_____
_____
_____
_____

de la Reconciliación. Cuando desobedecemos nuestra conciencia y pecamos haciendo cosas que sabemos que no debemos hacer, Dios nos invita a ir a la Reconciliación para poder llenarnos con su alegría otra vez.

Antes de ir a la Reconciliación examinamos nuestra conciencia para saber de qué hablarle al sacerdote. Examinar quiere decir mirar algo muy cuidadosamente.

Imagina que tienes un diamante hermoso y grande y lo llevabas a dondequiera que vas. Probablemente de vez en cuando lo sacas y lo miras. Si esta muy empolvado o sucio, lo limpias. Y si tiene un rayón, lo pules.

Tu alma es ese hermoso diamante. Vamos a la Reconciliación para que Dios pueda desempolvarlo, limpiarlo, y pulirlo para que brille como nuevo otra vez.

15 minutos

sugerencia

Si usted está siguiendo el formato sugerido de 90 minutos, este episodio marca aproximadamente la mitad de la sesión. Es un buen momento para hacer un breve descanso. Si está atrasado/a, revise rápidamente lo que le hace falta y vea cómo puede ponerse al día. Si va adelantado/a, busque en los próximos 45 minutos una oportunidad para generar una conversación interesante con el grupo. Si va a tiempo, ¡siga adelante!

> La verdadera felicidad, queridos amigos, no consiste en los placeres del mundo o en cosas terrenales, sino en paz de conciencia.

Beato Pier Giorgio Frassati

149

LEER Y EXPLORAR

Paso a Paso

1 Haga que un estudiante diferente lea cada una de las preguntas en voz alta.

Antes de ir a la Reconciliación ayuda pensar y recordar momentos en que escogiste pecar, ir por un mal camino, tomar una mala decisión, no cumplir con alguno de los Mandamientos de Dios, no escuchar a tu conciencia, o simplemente no ser la-mejor-versión-de-ti-mismo.

Estas preguntas pueden ayudarte a examinar tu conciencia:

¿He sido un buen amigo/a?

¿Obedezco a mis padres?

¿He tomado cosas que pertenecen a otras personas?

¿Hago trampa en la escuela o en deportes?

¿He dicho mentiras?

¿Tomo tiempo para rezar todos los días?

¿He usado el Nombre de Dios de maneras que no son apropiadas?

¿Voy a la Iglesia todos los domingos?

¿Estoy agradecido por los muchos regalos con los que Dios me ha bendecido?

Las respuestas a estas preguntas te ayudarán a prepararte para el Sacramento de la Reconciliación. Si te tomas el tiempo para reflexionar estas preguntas, estarás preparado para hablarle al sacerdote cuando entres en la sala de la Reconciliación.

Nos es difícil recordar todas las veces que hemos pecado; es por eso que un examen de conciencia es útil. Sentarte en un lugar tranquilo y callado para pensar en estas preguntas te ayudará a recordar momentos en que no has sido la-mejor-versión-de-ti-mismo.

Mis Notas:

_____

_____

_____

_____

_____

_____

_____

_____

> El silencio ha sido un gran amigo de hombres y mujeres extraordinarios de toda época.

El Ritmo de la Vida

2 minutos

sugerencia

Siéntase libre de caminar alrededor del aula durante las discusiones. Esto ayudará a que los chicos mantengan su atención en usted y en lo que está diciendo. Si alguien está hablando, acérquese un poco a él o ella; esto ayuda a que sepan que usted tiene interés en lo que ellos tienen que decir. Si alguien no está haciendo su tarea o está portándose mal, acérquesele; este control de proximidad es una buena manera no verbal de apoderarse de su atención.

El examen de conciencia nunca genera desesperación, es siempre esperanza ... porque el examen de conciencia se hace a la luz del amor de Dios.

Venerable Fulton J. Sheen

151

LEER Y EXPLORAR

Paso a Paso

1 Lea la historia de Daniel en voz alta. Pregúnteles si alguno de ellos/ellas quisiera dramatizar el personaje de la mamá de Daniel y leer sus líneas en voz alta.

Dios tiene un plan mucho mejor que cualquiera que ustedes puedan hacer.

Momento Decisivo

Paso 2: Confesamos Nuestros Pecados

A Daniel realmente le encantan las galletas. Una tarde, llegó de la escuela y su mamá estaba horneando sus galletas favoritas de chipas de chocolate. ¡El delicioso aroma se sentía en toda la casa! Al entrar en la cocina, su mamá le dijo. "Daniel, sé que éstas son tus favoritas, pero estoy horneándolas para el picnic de la Iglesia, así que sólo puedes tomar una". Cuando su mamá se dio la vuelta, Daniel tomó dos rápidamente y corrió para su cuarto.

Él se comió las galletas. Estas sabían muy rico en su estómago, pero le dejaron un mal sabor en su interior. Sabía que había hecho algo malo. Aunque no lo habían descubierto, él se sentía terrible.

Mis Notas:

_____

_____

_____

_____

_____

_____

_____

Daniel estaba avergonzado, pero su conciencia lo motivo a que le dijera a su mamá lo que había hecho y que lo sentía mucho. Su mamá le dio un gran abrazo y dijo, "Estoy decepcionada de ti por haber hecho algo que sabías que estaba mal. Y como castigo, esta noche no puedes ver tu programa de televisión favorito. Pero también quiero que sepas que estoy muy orgullosa de ti por pedir disculpas y admitir que hiciste algo malo. Eso tomó mucho valor".

Cuando los niños de la clase de Daniel estaban preparándose para su Primera Reconciliación, se hicieron muchas preguntas durante el examen de conciencia. El recordó cuando tomó una galleta de más. Él sabía que estaba bien haberle pedido disculpas a su mamá, pero también necesitaba decirle a Dios que sentía haber robado. Se dio cuenta de que esto era algo que podía confesar durante la Reconciliación.

5 minutos

sugerencia

Muchas personas que son buenas dirigiendo, son personas que utilizan el lado izquierdo del cerebro. Nos gustan los problemas que podemos resolver; nos gustan las respuestas; nos gusta el orden, nos gusta que las cosas estén en su lugar. Pero ayudar a que los chicos tengan una relación impactante con Jesús y con su Iglesia puede crear desorden en el salón de clases, y hacer que las cosas no estén siempre en su lugar. El camino es diferente para cada candidato. Todos tienen distintas preguntas, luchas, dudas, y esperanzas. Sea flexible. Está bien si todas las sesiones no van como las planificó. Deje que el Espíritu Santo lo/la guíe y guíe las clases.

Nuestro corazón fue hecho para ti, Oh Señor, y está intranquilo hasta que descanse en ti.

San Agustín

153

Paso a Paso

1 Lea el texto en voz alta.

Cuando entres en el cuarto de la Reconciliación o confesionario, te sentarás en una silla frente al sacerdote. Después de hacer la señal de la cruz, es hora de confesar tus pecados. Le hablas al sacerdote de tus pecados. ¿Recuerdas a Daniel de nuestra historia? Aquí es cuando él le hablaría al sacerdote del momento en que se robó la galleta. Si te trabas o te pones nervioso, recuerda que el sacerdote está allí para ayudarte.

Hablando con el sacerdote sobre los momentos en que tomamos malas decisiones y sobre los momentos en que no fuimos la-mejor-versión-de-nosotros-mismos, volvemos a descubrir a la persona que Dios nos creó para ser.

El sacerdote puede hacer alguna sugerencia acerca de cómo puedes crecer y convertirte en una mejor persona. Recuerda, aunque estés sentado con el sacerdote, él está allí para representar a Dios; así que, en realidad, estás hablándole a Dios.

Mis Notas:

_____

_____

_____

_____

_____

_____

_____

¿De quién está recibiendo su entrenamiento espiritual?

Momento Decisivo

También es posible recibir el Sacramento detrás de una rejilla. El sacerdote se sienta del otro lado de la rejilla y te escucha mientras tú te arrodillas y le confiesas tus pecados.

Los grandes campeones escuchan a sus entrenadores para poder mejorar. La Reconciliación es un tipo de entrenamiento espiritual. Confesarle nuestros pecados a Dios es una manera hermosa de crecer espiritualmente.

2 minutos

sugerencia

Hable un poco sobre el valor que Daniel tiene que haber necesitado para admitir lo malo que había hecho. Comparta un momento en su vida en que necesitó valor para admitir que había cometido un error.

> No traten de complacerlos a todos. Traten de complacer a Dios, a los ángeles y a los santos—ellos son su público.

San Juan Vianney

Paso a Paso

1 Pregúntele a los niños como se sentirían, si ellos se hubieran comido dos docenas de donas.

Amar es una decisión, no un sentimiento — y es una decisión que se pone a prueba con cada acción.

Momento Decisivo

Paso 3: Hacemos Nuestra Penitencia

Si comieras dos docenas de rosquillas todos los días durante unos meses, te enfermarías. Mientras te las comes, probablemente sabrías que no son buenas para ti, pero lo sigues haciendo de todas maneras.

Entonces, un día te despiertas y te das cuenta que comer todas esas rosquillas te estaba haciendo daño. Es bueno reconocerlo, pero es igualmente importante cambiar nuestra manera de vivir.

Si te comiste todas esas rosquillas y tu cuerpo se enfermó, necesitaras hacer ejercicio y comer muchas frutas y vegetales para que tu cuerpo recupere la salud.

El pecado enferma nuestra alma al igual que la mala comida enferma nuestro cuerpo. Cuando vamos a la Reconciliación pedimos disculpas por ofender a Dios y enfermar nuestra alma, pero también prometemos tratar de vivir de una manera diferente en el futuro.

Antes de que recemos nuestro Acto de Contrición, el sacerdote nos dará una penitencia. La penitencia es una oración o una buena obra para mostrarle a Dios que lo sentimos mucho. Es como un ejercicio que ayuda al alma a estar saludable otra vez.

Mis Notas:

_____

_____

_____

_____

_____

_____

_____

_____

1 minuto

sugerencia

Cuando usted viva su fe, las personas querrán estar con usted, y los niños querrán escucharlo/la. ¿Por qué? Porque entonces ya no será usted el/la que vive y enseña, sino Cristo viviendo y enseñando en usted.

Un árbol se conoce por sus frutos; un hombre por sus obras. Una buena obra nunca se pierde; el que siembra cortesía cosecha amistad, y el que planta bondad, recoge amor.

San Basilio

157

LEER Y EXPLORAR

Paso a Paso

1 Lea en voz alta los dos ejemplos del Acto de Contrición.

2 Pídale a los niños que practiquen el primer Acto de Contrición leyéndolo en voz alta. Mientras más cómodos se sientan con el Acto de Contrición, más cómodos se sentirán en el día de su Primera Reconciliación.

Lo que hagan ahora va a importar más tarde en su vida en formas que ni siquiera han empezado a imaginar.

Momento Decisivo

Paso 4: Le Decimos Lo Siento a Dios

Raquel estaba enojada con su hermana. Cada vez que se sienta para hacer su tarea, su hermana la molesta, y hoy Raquel se enojó y la empujó para alejarla. Su hermana se cayó y empezó a llorar. Ella sólo quería que Raquel jugara con ella. Raquel se sintió mal acerca de su decisión y le pidió disculpas a su hermana. Para mostrarle a su hermana que realmente lo sentía, Raquel dijo que cuando terminara su tarea jugaría con ella a lo que ella quisiera.

Después de confesar tus pecados en el Sacramento de la Reconciliación, rezarás una oración de contrición. ¿Qué es contrición? Contrición quiere decir que sientes mucho haber hecho algo malo. Cuando rezas la oración de contrición, estás diciéndole a Dios que estás verdaderamente avergonzado por los pecados que has cometido.

Aquí tienes dos ejemplos de Acto de Contrición:

Querido Dios, estoy apenado por todos mis pecados. Estoy apenado por las cosas malas que he hecho. Estoy apenado por las cosas buenas que no he hecho. Con Tu ayuda voy a ser mejor. Amén.

Dios mío, con todo mi corazón me arrepiento de todo el mal que he hecho y de todo lo bueno que he dejado de hacer. Al pecar, te he ofendido a Ti, que eres el supremo bien y digno

Mis Notas:

_____

_____

_____

_____

_____

_____

_____

_____

de ser amado sobre todas las cosas. Propongo firmemente, con la ayuda de tu gracia, hacer penitencia, no volver a pecar, y huir de las ocasiones de pecado. Señor, por los méritos de la Pasión de nuestro Salvador Jesucristo, apiádate de mí.

Amén.

2 minutos

sugerencia

Coménteles por qué a usted le gusta ir a la Reconciliación. Recuérdeles que su Primera Reconciliación es algo muy importante, ya sea que ahora se den cuenta o no.

Fúndanse en los brazos de Dios y estén muy seguros de que si Él quiere algo de ustedes Él los preparará y les dará la fuerza para la obra.

San Felipe Neri

Paso a Paso

1 Lea el texto en voz alta.

2 Pregúntele a los estudiantes como se sintieron cuando vieron en el episodio que Jesús está en el confesionario perdonando los pecados por medio del sacerdote. ¿Qué sintieron? ¿Sorpresa? ¿Confusión? ¿Agradecimiento? ¿Emoción?

El amor está en el centro de la filosofía de Jesús. Pero para poder amar, uno tiene que ser libre. Porque amar es entregarse libremente y sin reservaciones.

Redescubre el Catolicismo

Paso 5:
El Sacerdote Nos Da la Absolución

Después de la Ultima Cena, Jesús sabía que iba a sufrir y a morir, y también sabía por qué. Iba a hacerlo por ti y por mí, para que pudiéramos estar libres de nuestros pecados.

El pecado nos hace sentirnos infelices y apesadumbrados. Jesús no quería que nos sintiéramos así. Él quería que estuviéramos libres de pecado. Él quería que pudiéramos ir a la Reconciliación y que se nos perdonaran nuestros pecados.

Mis Notas:

_____

_____

_____

_____

_____

_____

_____

Después que reces el Acto de Contrición, el sacerdote extenderá sus manos sobre tu cabeza para rezar la oración de absolución:

Dios, Padre misericordioso, que reconcilió consigo al mundo por la muerte y la resurrección de su Hijo y derramó el Espíritu Santo para el perdón de los pecados, te conceda, por el ministerio de la Iglesia, el perdón y la paz. Y yo te absuelvo de tus pecados en el nombre del Padre y del Hijo y del Espíritu Santo.

Tú responderás: **Amén.**

En el momento de la absolución, cuando el sacerdote extiende las manos sobre ti, Jesús está derramando su gracia sobre ti. Esto es como un balde de amor derramándose sobre tu cabeza y llenando tu corazón de paz y alegría. La gracia de Dios también te capacita para tomar mejores decisiones.

Después que el sacerdote te ha absuelto de tus pecados, te enviará a caminar con Dios más de cerca, a tomar mejores decisiones, y a convertirte en la-mejor-versión-de-ti-mismo.

5 minutos

sugerencia

Mientras más se aproxime al final de la clase, más intranquilos se volverán algunos de sus niños. Prepárese para eso; tenga su lista de dinámicas y técnicas de manejo de grupo a la mano. Tomen un descanso para cantar o jugar. Piense en diferentes maneras para mantener su atención hasta el final.

Sus misericordias son inagotables; se renuevan cada mañana.

Lamentaciones 3,22-23

VER Y DISCUTIR

Paso a Paso

1 Introduzca el siguiente episodio: "El Hijo Pródigo es una de las historias más famosas de toda la Biblia. Es acerca de cómo Dios Padre siempre se regocija cuando regresamos a casa con Él".

2 Vean el Episodio 5.

Pregúntese . . . si yo viviera la lectura del Evangelio a un 100%, ¿cuánto cambiaría mi vida?

Momento Decisivo

De la Biblia: El Hijo Pródigo

Había una vez un hombre que tenía dos hijos. Un día, el hijo menor se acercó a su padre y le dijo, "Padre, dame parte del dinero que me pertenecerá". El padre accedió y unos días más tarde su hijo menor se fue y viajó a una tierra distante, donde derrochó todo el dinero en cosas frívolas.

Pronto, se le acabó el dinero y tenía hambre, así que se puso a trabajar dándole de comer a los cerdos. El tenía tanta hambre, que quería comerse la comida de los cerdos.

Mis Notas:

_____

_____

_____

_____

_____

_____

_____

_____

Un día, cuando estaba alimentándolos pensó, "Los sirvientes de mi padre tienen comida abundante y yo estoy hambriento. Regresaré a la casa, le suplicaré a mi padre que me perdone y le pediré que me acepte de nuevo, no como su hijo, sino como uno de sus sirvientes".

Al día siguiente emprendió el camino y regresó a su padre. Cuando todavía estaba lejos de la casa, su padre lo vio en el horizonte. El padre se llenó de alegría y corrió a recibir a su hijo, abrazándolo y besándolo.

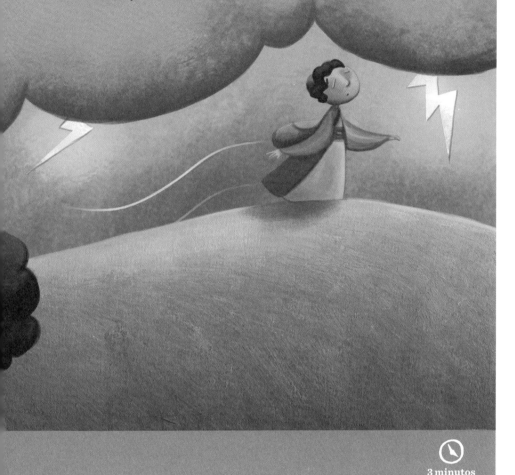

3 minutos

sugerencia

Pregúntele a los niños, ¿cómo piensan que se sintió el hijo cuando su padre lo recibió de brazos abiertos? ¿Aliviado?, ¿feliz?, ¿entusiasmado?, ¿humildemente agradecido? O ¿todo lo anterior?

Siempre que sientan que no son amados, que no son importantes, siempre que se sientan inseguros, recuerden a quién pertenecen.

Efesios 2,19–22

163

LEER Y EXPLORAR

Paso a Paso

1 Lea los tres últimos párrafos en voz alta. Lea de forma lenta y clara. Deje que el tono e inflexión de su voz les haga darse cuenta que vale la pena escuchar lo que usted está leyendo.

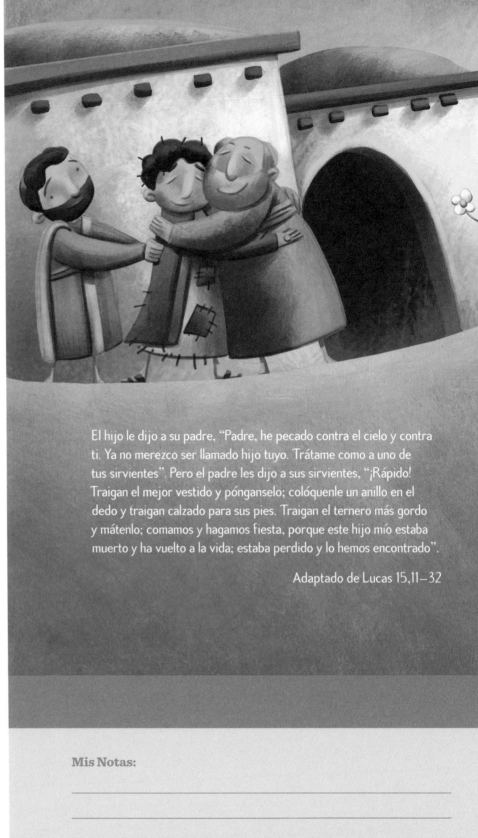

El hijo le dijo a su padre, "Padre, he pecado contra el cielo y contra ti. Ya no merezco ser llamado hijo tuyo. Trátame como a uno de tus sirvientes". Pero el padre les dijo a sus sirvientes, "¡Rápido! Traigan el mejor vestido y pónganselo; colóquenle un anillo en el dedo y traigan calzado para sus pies. Traigan el ternero más gordo y mátenlo; comamos y hagamos fiesta, porque este hijo mío estaba muerto y ha vuelto a la vida; estaba perdido y lo hemos encontrado".

Adaptado de Lucas 15,11–32

Dios siempre está esperando por nosotros. Algunas veces podemos pensar que nosotros estamos esperamos por Él, pero eso nunca es cierto.

Vuelve a Descubrir a Jesús

Mis Notas:

_____

_____

_____

_____

_____

_____

_____

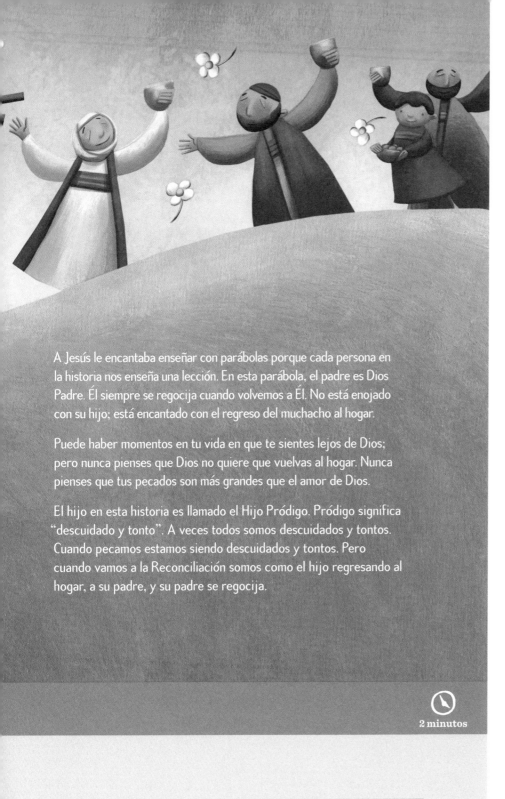

A Jesús le encantaba enseñar con parábolas porque cada persona en la historia nos enseña una lección. En esta parábola, el padre es Dios Padre. Él siempre se regocija cuando volvemos a Él. No está enojado con su hijo; está encantado con el regreso del muchacho al hogar.

Puede haber momentos en tu vida en que te sientes lejos de Dios; pero nunca pienses que Dios no quiere que vuelvas al hogar. Nunca pienses que tus pecados son más grandes que el amor de Dios.

El hijo en esta historia es llamado el Hijo Pródigo. Pródigo significa "descuidado y tonto". A veces todos somos descuidados y tontos. Cuando pecamos estamos siendo descuidados y tontos. Pero cuando vamos a la Reconciliación somos como el hijo regresando al hogar, a su padre, y su padre se regocija.

2 minutos

sugerencia

Si sus niños solo recuerdan una cosa del proceso de preparación para la Primera Reconciliación, asegúrese que sea lo siguiente: Dios los amará siempre, Él siempre los llamará para que vuelvan a casa, y el amor de Dios siempre será más grande que cualquier pecado que ellos puedan cometer. Recuérdeles esto constantemente.

Hemos sido llamados a sanar heridas, a unir lo que se ha separado, y a traer al hogar a quienes han perdido su camino.

San Francisco de Asís

Paso a Paso

1 Introduzca el Episodio 6 preguntándole a los niños: "¿Piensan que esta será la primera y única vez que ustedes asistirán a la Reconciliación?".

2 Vean el Episodio 6.

Comprométase a hacer algo que le ayude a crecer espiritualmente, todos los días por el resto de su vida.

Momento Decisivo

Primera, Pero No Última

La Reconciliación es una gran bendición. Dios te ha bendecido.

Esta es tu Primera Reconciliación, pero no la última. Es una buena idea que te sientas cómodo con el proceso. Es natural y normal estar nervioso, especialmente la primera vez; pero si lo haces con regularidad te sentirás más cómodo.

La Reconciliación regular es una de las mejores maneras en que Dios comparte su gracia con nosotros. Muchos de los santos se confesaban todos los meses, y algunos de ellos con más frecuencia.

Mis Notas:

_____

_____

_____

_____

_____

_____

_____

Asistir a la Reconciliación regularmente nos recuerda cuán importante es enfocarnos en crecer espiritualmente, y no sólo físicamente.

Convertirte en la-mejor-versión-de-ti-mismo, crecer en virtud, y vivir una vida santa requiere trabajo y es un proceso de toda la vida. La oración diaria, la misa dominical y una reconciliación frecuente nos animan y guían en este caminar.

3 minutos

sugerencia

Si sus niños solo recuerdan una cosa del proceso de preparación para la Primera Reconciliación, asegúrese que sea lo siguiente: Dios los amará siempre, Él siempre los llamará para que vuelvan a casa, y el amor de Dios siempre será más grande que cualquier pecado que ellos puedan cometer. Recuérdeles esto constantemente.

Nunca se ha perdido alguien porque su pecado era demasiado grande, sino porque su confianza en Dios era demasiado pequeña.

Beato Francis Xavier Seelos

Paso a Paso

1 Pregúntele a los niños: "¿Quién es el mejor amigo que tú siempre tendrás?".

Tu Mejor Amigo

La amistad es hermosa, pero también frágil. Algunas veces un amigo puede hacer algo que nos molesta. Esto debilita nuestra amistad con él o ella. Pero cuando dice lo siento, nuestra amistad se repara y hasta se fortalece.

Dios es el mejor amigo que siempre tendrás. A veces hacemos cosas que lo ofenden y esto debilita nuestra amistad con Él. Entonces vamos al Sacramento de la Reconciliación para decirle a Dios lo siento.

Puede haber momentos en que te alejes de Dios, pero Él nunca deja de llamarte. Nunca dejará de buscarte. Nunca dejará de animarte a que te conviertas en la-mejor-versión-de-ti-mismo, crezcas en virtud, y vivas una vida santa.

Mis Notas:

_____

_____

_____

_____

_____

_____

_____

Jesús es el amigo que ha estado ansiando toda su vida.

Vuelve a Descubrir a Jesús

1 minuto

Ya que es su responsabilidad enseñarles a sus estudiantes sobre Dios, primero usted tiene que estar consciente de la acción de Dios en su vida. Enseñe con el ejemplo. Ponga en práctica lo que quiere que sus estudiantes crean.

San Juan Bautista de La Salle

MUESTRA LO QUE SABES

Paso a Paso

1 Pídale a los niños que completen la página de actividades ya sea ellos solos, con un compañero/a o en grupo.

2 Después de tres minutos pregúntele a la clase: "¿Hay algunas preguntas con las que tengan dificultad?".

3 Brevemente responda las preguntas que ellos tengan y refiéralos a la página correspondiente a la pregunta en el libro de trabajo.

Cuando escogemos no perdonar, le damos la espalda a Dios y a la-mejor-versión-de-nosotros-mismos. Todos necesitamos perdonar a alguien. ¿A quién está Dios invitándote a perdonar?

Vuelve a Descubrir a Jesús

Muestra lo que Sabes

Verdadero o Falso

1. __F__ Los momentos comunes nunca pueden ser grandes. (p 139)

2. __T__ Tu Primera Reconciliación es uno de los grandes momentos de tu vida. (p 139)

3. __F__ Nunca es bueno prepararte para los momentos importantes de tu vida. (p 144)

4. __F__ Dios quiere que estemos intranquilos y seamos infelices. (p 149)

5. __T__ El amor de Dios es más grade que cualquier pecado que hayas cometido alguna vez. (p 165)

Llena los espacios en Blanco

1. Dios es el mejor _____amigo_____ que tendrás en tu vida. (p 168)

2. Seguir tu conciencia te hace _____feliz_____ ignorarla te hace _____infeliz_____. (p 148)

3. Tú le _____confiesas_____ tus pecados al sacerdote. (p 154)

4. La penitencia es como un _____ejercicio_____ para ayudar al alma a ser saludable otra vez. (p 156)

5. Nuestro Salvador, _____Jesús_____ sufrió y murió por nosotros. (p 158)

Mis Notas:

_____

_____

_____

_____

_____

_____

6. La _____**preparación**_____ es esencial para una gran experiencia. (p 144)

7. Confesarle tus pecados a _____**Dios**_____ por medio de un sacerdote es una manera hermosa de crecer espiritualmente. (p 155)

8. La _____**gracia**_____ de Dios te capacita para tomar mejores decisiones en la vida. (p 161)

9. Dios te bendice con una _____**conciencia**_____ para ayudarte a convertirte en la-mejor-versión-de-ti-mismo y vivir una vvida santa. (p 148)

10. Dios nunca dejará de _____**alentarte**_____ para que te conviertas en la-mejor-versión-de-ti-mismo, crezcas en virtud, y vivas una vida santa. (p 167)

Lista de palabras

ALENTARTE	CONFIESAS	FELIZ	PREPARACIÓN	INFELIZ	
GRACIA	CONCIENCIA	EJERCICIO	JESÚS	DIOS	AMIGO

🕐 **10 minutos**

_____
_____
_____
_____
_____
_____
_____
_____

Siempre existe el peligro de que estemos haciendo el trabajo por el trabajo. Es aquí donde el respeto, el amor y la devoción entran en juego — que lo hagamos para Dios, para Cristo, y es por eso que tratamos de hacerlo tan maravillosamente como sea posible.

Santa Teresa de Calcuta

DIARIO CON JESÚS

Paso a Paso

1 Invite a sus niños a escribirle una carta a Jesús.

2 Pídale a los niños que permanezcan en silencio mientras escriben en su diario.

3 Sí usted lo desea puede poner música tranquila de fondo, para ayudar a crear un ambiente propicio a la reflexión y motivar a los estudiantes a permanecer en silencio y enfocados en su diario con Jesús.

Jesús quiere que seas generoso con tus alabanzas y palabras de aliento; con tu compasión y tu paciencia.

Vuelve a Descubrir a Jesús

Mis Notas:

_____

_____

_____

_____

_____

_____

_____

Diario con Jesús

Querido Jesús,

Cuando pienso en ti en la cruz siento que Dios me ha bendecido porque . . .

_____

_____

_____

_____

_____

_____

_____

_____

5 minutos

_____

_____

_____

_____

_____

_____

sugerencia

Si no estamos acostumbrados a este tipo de reflexión, el proceso de escribir un diario puede ser difícil, hasta doloroso. Pero los beneficios de hacer esta clase de trabajo no se pueden exagerar. Los beneficios llegan a todos los aspectos de nuestra vida, haciéndonos más conscientes de quién somos y para qué estamos aquí.

Es solamente con gratitud que la vida se enriquece.

Dietrich Bonhoeffer

173

ORACIÓN FINAL

Paso a Paso

1 Tome unos minutos para reunir a los niños, tranquilizarlos y prepararlos para la oración final. Espere hasta que estén quietos y listos para rezar.

2 Vean el Episodio 2.

3 Pregúntele a los niños: "¿Cuáles son algunas de las cosas más importantes que aprendieron en esta sesión?".

- MI PRIMERA RECONCILIACIÓN SERÁ UN GRAN MOMENTO EN MI VIDA.

- LA PREPARACIÓN ES ESENCIAL PARA PODER TENER UNA GRAN EXPERIENCIA.

- HAY CINCO PASOS A SEGUIR PARA UNA BUENA RECONCILIACIÓN.

- DIOS SE REGOCIJA CADA VEZ QUE YO ASISTO A LA RECONCILIACIÓN.

- LA RECONCILIACIÓN ES UNA BENDICIÓN PARA TODA LA VIDA.

- DIOS ES EL MEJOR AMIGO QUE SIEMPRE TENDRÉ.

Oración Final

Una de las razones por las que Dios nos invita a la Reconciliación es para que podamos seguir aumentando nuestra virtud y nuestra felicidad, para que así podamos ayudarlo a construir su Reino. El Reino de Dios es un reino de paz, amor, y alegría. Él quiere que compartamos esta paz, este amor, y esta alegría con todas las personas que encontremos.

Pero algunas veces, en lugar de ayudar a Dios humildemente a construir su Reino, nos volvemos egoístas, nos llenamos de orgullo y en cambio decidimos construir nuestro propio reino. ¿Puedes pensar en alguien en la historia que se enfocó en tratar de construir su propio reino en lugar de ayudar a Dios a construir su Reino de paz, amor y alegría?

Para alabar a Dios y recordar que nuestra misión es ayudar a Dios a construir su Reino y no empeñarnos en construir nuestro reino propio egoísta, rezamos una oración llamada el Gloria. Es una oración breve, pero muy poderosa.

Pongámonos de pie, tomémonos de la mano y recémosla juntos:

> Gloria al Padre,
> y al Hijo,
> y al Espíritu Santo.
> Como era en el principio,
> ahora y siempre,
> por los siglos de los siglos.
>
> Amén.

Mis Notas:

_____

_____

_____

_____

_____

_____

_____

2 minutos

La quietud de la oración es la condición más esencial para una acción fructífera. Pero antes de cualquier cosa, el discípulo se arrodilla.

Santa Gianna Molla.

6

Es Sólo el Comienzo

QUICK SESSION OVERVIEW

Oración de Apertura . . . . 5 min

Ver y Discutir; Leer y Explorar . . . . 65 min

Muestra lo que Sabes . . . . 10 min

Diario con Jesús . . . . 5 min

Oración Final . . . . 5 min

OBJETIVOS

- **DEMOSTRAR** que los buenos hábitos nos ayudan a convertirnos en la-mejor-versión-de-nosotros-mismos.

- **EXPLICAR** que la oración diaria nos ayuda a escuchar la voz de Dios y nos da el valor necesario para hacer lo que Él nos está invitando a hacer.

- **ENSEÑAR** que darle las gracias a Dios por nuestras bendiciones nos llena de gozo.

- **La-mejor-versión-de-ti-mismo/a.**
- **Un santo o una santa.**

BIENVENIDA

¿Está listo/a para sus estudiantes? ¿Lo/la están volviendo loco/a? ¿Ha tenido un día difícil?

Tenga esto en mente: Cuando las personas tienen preguntas sobre la fe, esas preguntas son hermosas porque representan las ansias más profundas de una persona. No importa cuán agresiva o irrespetuosamente se hagan las preguntas, no olvide que cada pregunta viene del interés de conocer, amar, y servir a Dios. Los chicos pueden llegar a ellas con rodeos, pero ¿no lo hacemos todos?

Finalmente, tenga presente que algunos de estos niños pueden haber sido lastimados de maneras que no hubiéramos imaginado a su edad. Así que, ámelos y sea paciente y tierno/a con ellos. Como el Venerable Fulton Sheen escribió una vez: "La paciencia es poder. La paciencia no es la falta de acción; más bien es 'esperar'. Espera el momento correcto para actuar, por las razones correctas, y de la manera correcta".

| **Icono Oración** | **Leer y Explorar** | **Ver y Discutir** | **Muestra lo que Sabes** | **Diario con Jesús** | **Medidor de Tiempo** |

ORACIÓN DE APERTURA

Paso a Paso

1 Tranquilice a los niños. Si usted no puede hacer que los niños estén tranquilos al inicio de la clase, la probabilidad de que usted tenga control sobre el grupo disminuye rápidamente. Asegúrese que ellos sepan que usted está a cargo. Eso no quiere decir que usted tiene que gritarles, pero sea firme.

2 Recen juntos la Oración de Apertura.

La oración transforma todo lo que hacemos en excelencia.

Semillas de Mostaza

Mis Notas:

_____

_____

_____

_____

_____

_____

6

Es Sólo
el Comienzo

Dios nuestro, Padre amoroso,
gracias por todas las formas en que me bendices.
Ayúdame a estar consciente de que cada persona,
cada lugar, y cada aventura que experimento
es una oportunidad para amarte más.
Lléname con el deseo de cambiar y crecer,
y dame la sabiduría para escoger ser
la-mejor-versión-de-mí-mismo en
cada momento de cada día.

Amén.

5 minutos

sergerencia

Agradézcales por su asistencia. Dígales que está contento/a de que estén presentes en la última clase antes de su Primera Reconciliación. Pregúnteles cómo se sienten acerca de eso. "¿Están nerviosos? ¿Entusiasmados? ¿Las dos cosas?". No trate de resolver nada ni de cambiar cómo se sienten; simplemente escuche. Haga que se sientan escuchados. Deles las gracias por compartir cómo se sienten, y deje que esta sesión sea el último empujón que necesiten para continuar hacia su Primera Reconciliación.

Si algunos de ellos recibieron su Primera Reconciliación antes de la clase, pregúnteles cómo fue. Cuando terminen de compartir, anímelos a asistir a la Reconciliación regularmente y a convertir esto en un hábito para toda su vida.

La oración es la mejor arma que tenemos; es la llave del corazón de Dios. Tienen que hablarle a Jesús no sólo con los labios, sino con el corazón.

San Pío de Pietrelcina

VER Y DISCUTIR

Paso a Paso

1 Introduzca el primer episodio diciendo: "Este episodio habla sobre los grandes momentos. ¿Puedes pensar en un gran momento de tu vida?".

2 Vean el Episodio 1.

3 Pídale a los niños que compartan un gran momento de su vida: su cumpleaños favorito, su primer gol, una mascota nueva, etc. Luego, comparta con ellos lo emocionado/a que esta porque ellos harán su Primera Reconciliación.

La gracia es la ayuda que Dios nos da para responder a su llamado y hacer lo que es bueno y correcto.

Momento Decisivo

Mis Notas:

_____

_____

_____

_____

_____

_____

_____

_____

Lo Mejor está por Venir

Somos tan bendecidos de tener a Dios como nuestro Padre. Somos tan bendecidos teniendo a Jesús como nuestro amigo y Salvador. Somos tan bendecidos teniendo al Espíritu Santo para dirigirnos y guiarnos.

Recuerda, Dios quiere que te conviertas en la-mejor-versión-de-ti-mismo, que crezcas en virtud, y vivas una vida santa.

Él nos da su gracia por medio de grandes momentos como el Bautismo, la Primera Reconciliación, la Primera Comunión, y la Confirmación. Y cuando vamos a Misa el domingo y pasamos unos minutos rezando cada día, también nos da la gracia que necesitamos para prosperar todos los días.

10 minutos

Cuando enseñamos a los niños a ser buenos, amables, indulgentes, generosos, a amar a su prójimo y a considerar la época presente como nada; inculcamos virtudes en su alma, y revelamos la imagen de Dios en ellos.

San Juan Crisóstomo

Paso a Paso

1 Introduzca el Episodio 2 preguntando: "¿Sabían ustedes que Dios nos habla a nosotros? En este episodio el Padre Tom y Ben tienen una gran conversación sobre las maneras en que podemos escuchar la voz de Dios en nuestra vida".

2 Vean el Episodio 2.

> **Dios quiere que vivas una vida excelente. En esa búsqueda por la excelencia encontrarás una felicidad inusual.**
>
> Resistiendote a la Felicidad

La Voluntad de Dios y la Felicidad

La oración también nos ayuda a descubrir la voluntad de Dios para nuestra vida. Es haciendo su voluntad que nos convertimos en la-mejor-versión-de-nosotros-mismos y vivimos una vida santa. A medida que crecemos en sabiduría también descubrimos que somos más felices cuando tratamos de hacer la voluntad de Dios, porque nos lleva a la felicidad eterna con Dios en el Cielo.

¿Es difícil conocer la voluntad de Dios? Algunas veces lo es; pero la mayoría de las veces sabemos qué es lo que Dios quiere que hagamos.

Mis Notas:

_____

_____

_____

_____

_____

_____

_____

Dios quiere que tomemos buenas decisiones
y que evitemos las malas decisiones.

Dios quiere que hagamos cosas buenas
y evitemos las cosas malas.

Dios quiere que seamos buenos hijos e hijas,
y Dios quiere que seamos buenos amigos.

En su mayoría tú ya sabes cuál es la voluntad de Dios; pero todos
los días Él nos habla a todos de distintas maneras para ayudarnos a
conocer su voluntad con mayor claridad.

5 minutos

**La oración es el lugar
de refugio para toda
preocupación, la
base para la alegría,
la fuente de felicidad
constante, la
protección en contra
de la tristeza.**

San Juan Crisóstomo

VER Y DISCUTIR

Paso a Paso

1 Introduzca el Episodio 3 preguntando: "¿Alguna vez alguien les ha enseñado como rezar?". Comparta con los niños como usted aprendió a rezar y como quisiera haber tenido acceso a un episodio como el que están a punto de ver, cuando usted tenía su edad.

2 Vean el Episodio 3.

> **Si quiere ser feliz, si quiere estar calmado y en paz, si quiere que su vida esté llena de alegría: rece.**
>
> Semillas de Mostaza

El Proceso de la Oración

A Dios le gusta que hablemos con Él. A Él le gusta cuando le hablamos en nuestro corazón y durante el día. También le gusta cuando nos tomamos unos minutos cada día solamente para hablar con Él.

A esta conversación con Dios la llamamos oración. Algunas veces, cuando nos sentamos para rezar, no sabemos qué decirle. El Proceso de la Oración es una simple manera de asegurarnos de que siempre tenemos algo que decirle a Dios. Se compone de siete pasos fáciles. Cada paso está designado para guiar tu conversación diaria con Dios.

Mis Notas:

_____

_____

_____

_____

_____

_____

_____

1. Dale gracias a Dios por las personas y cosas por las que estás más agradecido.

2. Piensa en el día de ayer. Háblale a Dios de las veces que fuiste y no fuiste la-v-versión-de-ti-mismo/a.

3. ¿Qué crees que Dios está tratando de decirte hoy? Háblale sobre eso.

4. Pídele a Dios que te perdone por cualquier cosa que hayas hecho mal y que llene tu corazón de paz.

5. Háblale a Dios sobre algo que Él está invitándote a cambiar y crecer.

6. Reza por otras personas en tu vida, pidiéndole a Dios que las guíe y las proteja.

7. Reza el Padre Nuestro.

Esta es una simple manera de tener una conversación con Dios cada día durante tus momentos de tranquilidad. Por medio de la oración, Dios nos ayuda a convertirnos en la-mejor-versión-de-nosotros-mismos, a aumentar nuestras virtudes y a vivir una vida santa.

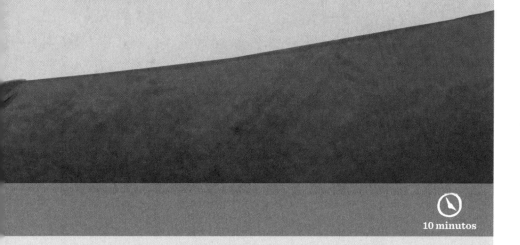

10 minutos

Hay dos problemas que impiden que los cristianos desarrollen el hábito de la oración diaria. El primero es que a la mayoría de las personas nunca se les enseño como rezar. El segundo es que cuando ellas hacen un esfuerzo sincero para rezar, no saben dónde empezar, ni terminar, ni qué hacer; de modo que tienden a sentarse y simplemente esperar a ver qué pasa. El Proceso de Oración se desarrolló como un formato de ayuda para la oración diaria. Tiene un punto de partida y un punto final. Es una manera sencilla de enfocar nuestro tiempo de oración y facilitar una conversación íntima con Dios. Si se usa diariamente, el Proceso de Oración, ayudará a estos niños a escuchar la voz de Dios y a discernir su voluntad en sus vidas.

La alegría espiritual surge de la pureza de corazón y la perseverancia en la oración.

San Francisco de Asís

VER Y DISCUTIR

Paso a Paso

1 Actividad: ESCONDIDILLAS
Tome las tarjetas del Proceso de Oración y muéstreselas a los niños. Dígales que va a esconderlas en el aula. Pídales que se tapen los ojos con sus manos o que pongan la cabeza sobre su escritorio, mientras usted esconde las tarjetas. Luego pídales que abran sus ojos y deles dos minutos para que busquen las tarjetas del Proceso de Oración. Si después de dos minutos no las han encontrado deles pistas para que las encuentren rápidamente.

2 Cuando los niños regresen a sus sillas y estén tranquilos, introduzca el siguiente episodio: "Los buenos hábitos nos ayudan a convertirnos en la-mejor-versión-de-nosotros-mismos. En este episodio Ben, Sarah, Hemingway, y algunos de sus amigos compartirán con nosotros algunos de sus hábitos favoritos".

3 Vean el Episodio 4.

184

El Poder de los Grandes Hábitos

Los hábitos juegan un papel importante en nuestra vida. Hay buenos hábitos y malos hábitos. Los buenos hábitos nos ayudan a convertirnos en la-mejor-versión-de-nosotros-mismos. Los malos hábitos nos impiden desarrollar todo el potencial que Dios nos dio al crearnos.

Tus padres, tus maestros, y tus entrenadores, están trabajando muy duro para ayudarte a desarrollar buenos hábitos. Aquí tienes algunos ejemplos de buenos hábitos:

- Tomar mucha agua
- Comer frutas y verduras
- Leer todos los días
- Pasar tiempo con amigos
- Darle ánimo a las personas que te rodean
- Ir a la Iglesia los domingos
- Rezar por unos minutos todos los días

Mis Notas:

_____
_____
_____
_____
_____
_____
_____

Aquí tienes algunos ejemplos de malos hábitos:

- Mirar demasiada televisión

- Comer demasiadas golosinas o chucherías

- No cuidar tus cosas

- Intimidar a otros niños

- No ir a Misa los domingos

10 minutos

Hagamos el bien sin desanimarnos, que a su debido tiempo cosecharemos si somos constantes.

Gálatas 6,9

LEER Y EXPLORAR

Paso a Paso

1 Lea en voz alta la sección sobre la oración diaria.

2 ¿Hay algún personaje histórico que usted admire profundamente? Si es así, comparta con los niños un poco sobre esa persona, porque usted lo/la admira, y como él o ella se convirtieron en unos paladines o campeones. Usted podría hablar de un gran líder como Abraham Lincoln, de un gran atleta como Michael Jordan, un gran músico como Mozart, un gran artista como Picasso, o un gran Santo como San Francisco. No importa quién sea que usted escoja, promueva que los niños vean la conexión entre los buenos hábitos y convertirse en un campeón o campeona.

> **La juventud no se trata de la edad, sino de dejar que el valor domine el temor; se trata de entusiasmo.**
>
> Semillas de Mostaza

La Oración Diaria

Los campeones de cualquier deporte, se convierten en grandes campeones teniendo buenos hábitos. Practican duro y comen comidas saludables. Los campeones de nuestra fe se convirtieron en santos teniendo buenos hábitos. Practicaron ser pacientes, bondadosos, generosos y compasivos — y rezaban todos los días.

El hábito de la oración diaria te ayudará a descubrir la voz de Dios en tu vida y te dará el valor para hacer lo que Dios esté invitándote a hacer.

Mis Notas:

_____

_____

_____

_____

_____

_____

El Proceso de la Oración es un gran hábito que te ayudará a convertirte en la-mejor-versión-de-ti-mismo y a vivir una vida santa.

Haciendo la voluntad de Dios encontramos una felicidad increíble. Pasando cada día unos minutos de oración en silencio y asistiendo a Misa todos los domingos, tu descubrirás la voluntad de Dios para tu vida.

Dios te ha bendecido. Mientras más abraces el hábito de la oración diaria, más bendecido/a te volverás.

⏱ **5 minutos**

sergerencia

Si usted está siguiendo el formato sugerido de 90 minutos, este episodio marca aproximadamente la mitad de la sesión. Es un buen momento para hacer un breve descanso. Si está atrasado/a, revise rápidamente lo que le hace falta y vea cómo puede ponerse al día. Si va adelantado/a, busque en los próximos 45 minutos, una oportunidad para generar una conversación interesante con el grupo. Si va a tiempo, ¡siga adelante!

Sean pacientes con todo el mundo, pero sobre todo con ustedes mismos. No se desanimen por sus imperfecciones, sino levántense con un nuevo valor.

San Francisco de Sales

VER Y DISCUTIR

Paso a Paso

1 Introduzca el siguiente episodio preguntando: "¿Quién está listo para aprender uno de los hábitos favoritos de Jesús?".

2 Vean el Episodio 5.

3 Después del episodio pregunte: "Sí Jesús necesitaba momentos de tranquilidad, ¿no creen que nosotros los necesitamos también?".

El silencio y la soledad le dan una perspectiva a las situaciones de nuestra vida que no se puede obtener en una conversación de mil horas ni en mil páginas de libros.

El Ritmo de la Vida

De la Biblia: Jesús Fue a un Lugar Tranquilo

Un día, Jesús estaba comiendo en casa de un amigo. Cuando la gente del pueblo oyó que Jesús estaba allí, le llevaron a sus amigos y familiares enfermos para que los curara. Curó a los enfermos y la gente estaba asombrada. A la mañana siguiente, muy temprano, Jesús salió solo y buscó un lugar tranquilo para poder orar.

Mis Notas:

_____

_____

_____

_____

_____

_____

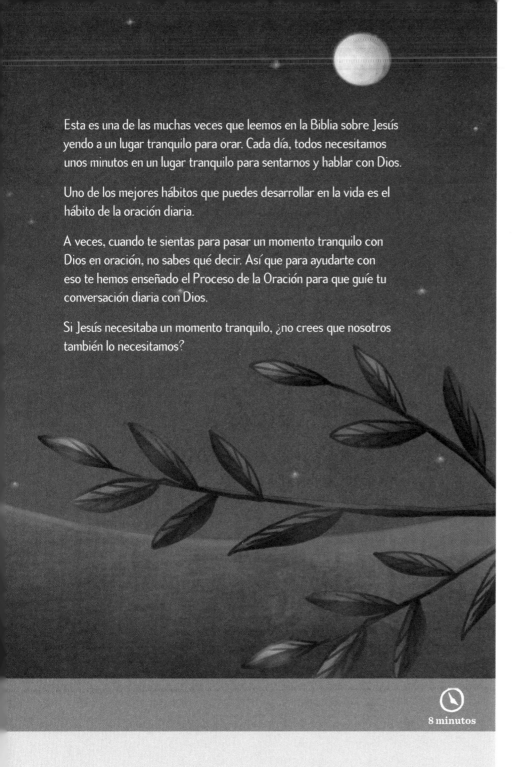

Esta es una de las muchas veces que leemos en la Biblia sobre Jesús yendo a un lugar tranquilo para orar. Cada día, todos necesitamos unos minutos en un lugar tranquilo para sentarnos y hablar con Dios.

Uno de los mejores hábitos que puedes desarrollar en la vida es el hábito de la oración diaria.

A veces, cuando te sientas para pasar un momento tranquilo con Dios en oración, no sabes qué decir. Así que para ayudarte con eso te hemos enseñado el Proceso de la Oración para que guíe tu conversación diaria con Dios.

Si Jesús necesitaba un momento tranquilo, ¿no crees que nosotros también lo necesitamos?

8 minutos

sergerencia

En este episodio, Ben y Sarah comparten su lugar favorito para pasar 10 minutos en silencio todos los días. Ayude a los niños a pensar en algunas ideas sobre dónde podrían pasar sus 10 minutos de silencio con Jesús todos los días. Asegúrese que escojan un lugar al que puedan ir solos todos los días.

Que todo lo que soy espere tranquilamente ante Dios, pues mi esperanza está en Él.

Salmo 62,5

VER Y DISCUTIR

Paso a Paso

1 Introduzca el siguiente episodio diciendo: "En este episodio, Tiny se siente muy triste pero Ben, Sarah, y Hemingway sugieren una actividad para que Tiny recuerde lo bendecido que es".

2 Vean el Episodio 6.

Toda relación mejora cuando realmente empezamos a escuchar, especialmente nuestra relación con Dios.

Resistiendote a la Felicidad

Muestra Gratitud

La mejor manera de empezar cada día es siendo agradecido/a. Darle gracias a Dios por otro día es una manera simple de hablarle al levantarnos cada mañana.

Ser agradecido es también la mejor manera de empezar nuestra oración diaria — es por eso que el primer paso del Proceso de Oración se trata de la GRATITUD.

Mis Notas:

_____

_____

_____

_____

_____

_____

_____

Al hacer tiempo para reflexionar sobre todas las formas en que Dios nos bendecido nos llenamos de gratitud y Dios nos llena de alegría. Así que cuando estés triste o sintiéndote un poquito desanimado, háblale a Dios sobre cualquier persona o cualquier cosa por la que estás agradecido.

Puede que ayude hacer una lista de agradecimientos. Algunas personas la hacen y la llevan consigo en el bolsillo, en la billetera, o en la cartera a todas partes. Así, si pasa algo malo o si se sienten un poco tristes, sacan su lista de agradecimientos y rezan con ella.

Ahora mismo hagamos juntos nuestra propia lista de agradecimientos.

10 minutos

sergerencia

Recuerden, la repetición es crítica en la retención de información. Después de ver el episodio, haga que un/una estudiante lea en voz alta el primer párrafo. Después pregunte: "¿Cuál es la mejor manera de empezar el día?". Siga preguntando hasta que la clase responda enfáticamente: "¡Con gratitud!". Empezar cada día dando gracias a Dios suena como algo pequeño, pero imagínese que bueno fuera si cada niño en el aula empezara a hacerlo diariamente.

Ser agradecido es reconocer el amor de Dios en todo lo que Él nos ha dado—y nos lo ha dado todo.

Tomás Merton

191

LEER Y EXPLORAR

Paso a Paso

1 Dele a los niños 5 minutos para que hagan su propia lista de gratitud. Si no tienen suficiente tiempo, pídale a los niños que la hagan en casa.

> **Cada uno de nosotros tiene que aprender a confiar que estamos aquí por una razón y que, sin duda, estemos conscientes o no, las cosas se están desarrollando como deben ser.**

Rhythm of Life

Mis Notas:

_____

_____

_____

_____

_____

_____

_____

_____

Yo estoy agradecido/a por . . .

_____

_____

_____

_____

_____

_____

_____

5 minutos

_____

_____

_____

_____

_____

_____

sergerencia

Cada pieza de arte en este libro fue creada con una intención específica. Para esta página en particular, se consideraron varias escenas famosas de los Evangelios que enfatizan la importancia de la gratitud. Al final, escogimos la escena del Evangelio de Mateo en que Jesús dio de comer a cinco mil personas, porque algunas veces los milagros que diariamente ocurren en nuestra vida son ignorados. Después de todo, ¿cuándo fue la última vez que usted estuvo verdaderamente hambriento? Tres millones de niños mueren de desnutrición en todo el mundo todos los años, el equivalente a un niño cada diez segundos. Piense en eso cuando mire a los niños de su clase. Cada comida es un milagro de Dios que contiene el poder de llenar nuestro corazón de agradecimiento.

Entréguense completamente a Dios. Él los usará para lograr grandes cosas, con la condición de que crean mucho más en el amor que Él tiene por ustedes, que en sus propias debilidades.

Santa Teresa de Calcuta

LEER Y EXPLORAR

Paso a Paso

1 Felicite a los niños por haber realizado su Primera Reconciliación.

2 Hágales saber lo emocionado/a que esta porque muy pronto ellos experimentarán otro gran momento católico: su Primera Comunión.

> **Vive alegre y generosamente, con la bondad de los santos, y confiando siempre en Dios. Él te ama y quiere cosas buenas para ti.**
>
> Momento Decisivo

Dios te Llena de Alegría

A lo largo de tu vida te pasarán muchas cosas maravillosas. También habrá días en los que pasarán cosas que te entristezcan un poquito. Ya sea que estés teniendo un gran día o un día no muy bueno, siempre es una buena idea pasar unos minutos hablando con Dios sobre aquello por lo que estás agradecido. Alabamos a Dios siendo agradecidos, y Él responde llenándonos de alegría.

Mis Notas:

_____

_____

_____

_____

_____

_____

¡Felicidades!

Felicidades por hacer tu Primera Reconciliación. Este es un momento maravilloso de tu vida. Dios te ha bendecido.

El próximo gran Momento Católico en tu camino será tu Primera Comunión.

Esperamos que las lecciones que has aprendido preparándote para tu Primera Reconciliación vivirán para siempre en tu corazón. Esperamos que te ayudarán a convertirte en la-mejor-versión-de-ti-mismo, a crecer en virtud, y a vivir una vida santa. Esperamos que nunca olvides que ¡DIOS TE HA BENDECIDO!

2 minutos

¡Felicidades!

_____

_____

_____

_____

_____

_____

_____

El fin para el que fuimos creados nos invita a ir por un camino que seguramente tiene muchas espinas, pero no es triste; aún a través de la tristeza está iluminado por la alegría.

Beato Pier Giorgio Frassati

MUESTRA LO QUE SABES

Paso a Paso

1 Pídale a los niños que completen la página de actividades ya sea ellos solos, con un compañero/a o en grupo.

2 Después de tres minutos pregúntele a la clase: "¿Hay algunas preguntas con las que tengan dificultad?"

3 Brevemente responda las preguntas que ellos tengan y refiéralos a la página correspondiente a la pregunta en el libro de trabajo.

Dios tiene un plan para sus hijos; pero necesita su ayuda para realizarlo.

Momento Decisivo

Muestra lo que Sabes

Verdadero o Falso

1. __T__ Eres bendecido/a por tener a Dios como tu Padre. (p 179)

2. __T__ La oración te ayuda a descubrir la voluntad de Dios para tu vida. (p 180)

3. __F__ Jesús siempre fue a un lugar ruidoso para hablar con Dios. (p 188)

4. __T__ Cada vez que vas a Misa, Dios quiere decirte algo. (p 187)

5. __T__ La gratitud nos llena de alegría. (p 191)

Fill in the blank

1. Hacer la voluntad de Dios nos lleva a la felicidad en esta vida y a la _____ **felicidad** _____ por toda la eternidad con Dios en el Cielo. (p 180)

2. Dios quiere _____ **bendecirte** _____ de mil maneras distintas para que puedas vivir una vida fabulosa. (p 179)

3. Haciendo la voluntad de Dios es que te conviertes en la _____ **mejor-versión-de-ti-mismo** _____ . (p 180)

4. Mientras más abraces el hábito de la _____ **oración** _____ diaria, más bendecido te volverás. (p 186)

5. Cuando crezcas en _____ **sabiduría** _____ descubrirás que eres más feliz cuando tratas de hacer la voluntad de Dios. (p 187)

Mis Notas:

_____

_____

_____

_____

_____

_____

_____

6. Dios quiere que hagamos cosas _____**buenas**_____ y
   evitemos decisiones _____**malas**_____. (p 184)

7. Jesús es tú _____**amigo**_____ y tú _____**Salvador**_____. (p 179)

8. Una gran manera de tener una conversación diaria con Dios es
   usando el _____**Proceso de la Oración**_____. (p 182)

9. Los campeones de nuestra fe católica se convirtieron en santos
   teniendo grandes _____**hábitos**_____. (p 184)

10. La mejor manera de empezar cada día es
    siendo _____**agradecido**_____. (p 190)

Lista de Palabras

BENDECIRTE	BUENAS	MALAS	HÁBITOS	SABIDURÍA	SALVADOR	ORACIÓN	AMIGO
MEJOR-VERSIÓN-DE-TI-MISMO		PROCESO DE LA ORACIÓN		FELICIDAD	AGRADECIDO		

10 minutos

sergerencia

Aunque esta es la última sesión, asegúrese de completar la sección "Muestra lo Que Sabes". Es importante llenarla ahora, así como fue importante llenarla cuando lo hicieron por primera vez. Este es un gran momento para reforzar algunos de los temas más importantes que se han cubierto durante la experiencia de la Primera Reconciliación. No deje que esta oportunidad se le escape.

Las grandes ocasiones para servir a Dios se presentan raras veces, pero las pequeñas, nos rodean diariamente.

San Francisco de Sales

197

DIARIO CON JESÚS

Paso a Paso

1 Invite a sus niños a escribirle una carta a Jesús.

2 Pídale a los niños que permanezcan en silencio mientras escriben en su diario.

3 Sí usted lo desea puede poner música tranquila de fondo, esto ayudará a crear un ambiente propicio a la reflexión y motivará a los estudiantes a permanecer en silencio y enfocados en su diario con Jesús.

Deja que el amor que fluye de Dios hacia ti, fluya de ti hacia los demás.

Momento Decisivo

Mis Notas:

_____

_____

_____

_____

_____

_____

_____

_____

Diario con Jesús

Querido Jesús,

Soy muy bendecido/a al tener mi Primera Reconciliación porque . . .

_____

_____

_____

_____

_____

_____

_____

_____

5 minutos

_____

_____

_____

_____

_____

_____

_____

sergerencia

Es hora de escribir en el diario. Este es un momento sagrado, recuérdeselos. Invite a los niños a reflexionar por qué es una bendición hacer su Primera Reconciliación.

Sé quién Dios quiso que fueras y pondrás el mundo en llamas!

Santa Catalina de Siena

ORACIÓN FINAL

Paso a Paso

1 Tome unos minutos para reunir a los niños, tranquilizarlos y prepararlos para la oración final. Espere hasta que estén quietos y listos para rezar.

2 Vean el Episodio 7.

3 Pregúntele a los niños: "¿Cuáles son algunas de las cosas más importantes que aprendieron en esta sesión?".

- DIOS ME HA BENDECIDO
- LA ORACIÓN ME AYUDA A DESCUBRIR LA VOLUNTAD DE DIOS EN MI VIDA.
- LOS BUENOS HÁBITOS ME AYUDAN A CONVERTIRME EN LA-MEJOR-VERSIÓN-DE-MI-MISMO.
- SER AGRADECIDO/A SIGNIFICA DARLE GRACIAS A DIOS POR TODAS LAS FORMAS EN QUE ÉL ME HA BENDECIDO.
- DIOS QUIERE QUE YO SEA FELIZ.

Oración Final

San Francisco de Asís vivió en Italia hace unos 800 años. Él amó mucho a Dios y dedicó su vida a enseñarle a la gente sobre Jesús. San Francisco escribió esta hermosa oración para ayudarnos a poner las cosas en perspectiva. Es tan fácil confundirse acerca de qué es lo más importante. La oración nos ayuda a ordenar nuestras prioridades. Recemos juntos la oración de San Francisco:

Mis Notas:

_____
_____
_____
_____
_____
_____
_____

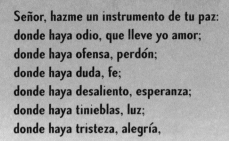

Señor, hazme un instrumento de tu paz:
donde haya odio, que lleve yo amor;
donde haya ofensa, perdón;
donde haya duda, fe;
donde haya desaliento, esperanza;
donde haya tinieblas, luz;
donde haya tristeza, alegría,

¡Oh, Maestro!, que no busque yo tanto
ser consolado como consolar;
ser comprendido, como comprender;
ser amado, como amar.
Porque dando es como se recibe;
olvidando, como se encuentra;
perdonando, como se es perdonado;
muriendo, como se resucita a la vida eterna.

Amén.

5 minutos

No consultes tus temores sino tus esperanzas y tus sueños. No pienses en tus frustraciones, sino en tu potencial no cumplido. No te preocupes por lo que has tratado y fracasado, sino por lo que aún puedes hacer.

San Juan XXIII

201

Mi Pequeño Catecismo

Tu fabuloso camino con Dios sólo está empezando. A lo largo del camino tendrás muchas preguntas. Las preguntas son buenas, Dios las pone en tu corazón y en tu mente por muchas razones diferentes. Sigue tus preguntas dondequiera que te lleven.

Será fácil encontrar respuestas para algunas de tus preguntas. Para ayudarnos a responder muchas de nuestras preguntas, nuestros líderes espirituales nos han dado el Catecismo de la Iglesia Católica. Las respuestas que encontramos ahí han sido reveladas por Dios y por la naturaleza a través de los siglos.

En las siguientes páginas, compartiremos contigo algunas preguntas que puedes tener sobre Dios y la vida. Las respuestas son fáciles de leer; pero, con frecuencia, son difíciles de vivir. Sin embargo, te ayudarán a convertirte en la-mejor-versión-de-ti-mismo, a crecer en virtud, y a vivir una vida santa.

En tu vida, habrá momentos en los que tendrás preguntas que no pueden ser respondidas con palabras en una página. Por ejemplo, a qué vocación estás llamado, o qué carrera debes ejercer. En esos momentos buscarás respuestas profundamente personales para preguntas profundamente personales.

Esas preguntas requieren mucha más paciencia. Busca el consejo de personas sabias que aman al Señor. Lee lo que hombres y mujeres sabios han tenido que decir sobre tales temas; pero, sobre todo, reza y pídele a Dios que te muestre su camino.

A medida que avanzas en este caminar, encontrarás a otras personas que también tienen preguntas. Ayúdalas lo mejor que puedas a encontrar respuestas. Todas las personas merecen respuestas para sus preguntas.

Y nunca, jamás, olvides que . . . ¡Dios te ha bendecido!

1. **P: ¿Quién te hizo?**

   R: Dios te hizo.

   > En la Biblia: Génesis 1,1, 26–27; Génesis 2,7, 21–22
   > En el Catecismo: CEC 355

2. **P: ¿Te ama Dios?**

   R: Sí. Dios te ama más que nadie en el mundo
   y más de lo que tú te podrías imaginar jamás.

   > En la Biblia: Juan 3,16
   > En el Catecismo: CEC 457, 458

3. **P: ¿Para qué te hizo Dios?**

   R: Dios te hizo para conocerlo, amarlo y llevar a cabo la misión que nos ha
   confiado en este mundo, y para ser feliz con Él para siempre en el Cielo.

   > En la Biblia: Deuteronomio 10, 12–15; Juan 17,3
   > En el Catecismo: CEC 1, 358

4. **P: ¿Qué es Dios?**

   R: Dios es un espíritu infinito y perfecto.

   > En la Biblia: Éxodo 3,6; Isaías 44,6; 1 Juan 4,8 16
   > En el Catecismo: CEC 198–200, 212, 221

5. **P: ¿Tuvo Dios un comienzo?**

   R: No. Dios no tuvo un comienzo. Él siempre fue y Él siempre será.

   > En la Biblia: Salmo 90,2; Apocalipsis 1,8
   > En el Catecismo: CEC 202

6. **P: ¿Dónde está Dios?**

   R: En todas partes.

   > En la Biblia: Salmo 139
   > En el Catecismo: CEC 1

7. **P: ¿Nos ve Dios?**

   R: Dios nos ve y nos protege.

   > En la Biblia: Sabiduría 11,24–26; Jeremías 1,5
   > En el Catecismo: CEC 37, 301, 302

8.   P: ¿Lo sabe todo Dios?

    R: Sí. Dios lo sabe todo, hasta nuestros pensamientos más secretos, nuestras palabras y acciones.

      En la Biblia: Job 21,22; Salmo 33,13–15; Salmo 147,4–5
      En el Catecismo: CEC 208

9.   P: ¿Es Dios amoroso, justo, santo, y misericordioso?

    R: Sí, Dios es amoroso, todo justo, todo santo, y todo misericordioso—y nos invita a que también seamos amorosos, justos, santos, y misericordiosos.

      En la Biblia: Juan 13,34; 1 Juan 4,8; Efesios 2,4
      En el Catecismo: CEC 214, 211, 208

10. P: ¿Hay un solo Dios?

    R: Yes, there is only one God.

      En la Biblia: Juan 8,58; Isaías 44,6
      En el Catecismo: CEC 253

11. P: ¿Por qué hay solamente un Dios?

    R: Sólo puede haber un Dios, porque Dios es supremo e infinito, no puede tener un igual.

      En la Biblia: Éxodo 3,14; Juan 8,58
      En el Catecismo: CEC 253

12. P: ¿Cuántas Personas hay en Dios?

    R: En Dios hay tres Personas Divinas, únicas y distintas y, sin embargo, iguales en todo—el Padre, el Hijo, y el Espíritu Santo.

      En la Biblia: 1 Corintios 12, 4–6; 2 Corintios 13,13; Efesios 4,4–6
      En el Catecismo: CEC 252, 254, 255

13. P: ¿Es Dios el Padre?

    R: Sí.

      En la Biblia: Éxodo 3,6; Éxodo 4,22
      En el Catecismo: CEC 253, 262

14. P: ¿Es Dios el Hijo?

    R: Sí.

      En la Biblia: Juan 8,58; Juan10,30
      En el Catecismo: CEC 253, 262

15. **P:** ¿Es Dios el Espíritu Santo?

R: Sí.

En la Biblia: Juan 14,26; Juan 15,26
En el Catecismo: CEC 253, 263

16. **P:** ¿Qué es la Santísima Trinidad?

R: La Santísima Trinidad es un Dios en tres Personas Divinas—
Padre, Hijo, y Espíritu Santo.

En la Biblia: Mateo 28,19
En el Catecismo: CEC 249, 251

17. **P:** ¿Qué es el libre albedrío?

R: El libre albedrío es un regalo increíble de Dios que nos permite tomar nuestras
propias decisiones. Este regalo increíble trae consigo una gran responsabilidad.

En la Biblia: Sirácides15,14–15;
En el Catecismo: CEC 1731

18. **P:** ¿Qué es el pecado?

R: Un pecado es cualquier pensamiento, palabra, hecho,
u omisión deliberada contraria a la ley de Dios.

En la Biblia: Génesis 3,5, Éxodo 20,1–17
En el Catecismo: CEC 1850

19. **P:** ¿Cuántas clases de pecado hay?

R: Hay dos clases de pecado—venial y mortal.

En la Biblia: 1 Juan 5,16, 17
En el Catecismo: CEC 1855

20. **P:** ¿Qué es un pecado venial?

R: Un pecado venial es una ofensa leve a Dios.

En la Biblia: Mateo 5,19; 1 Juan 5,16–18
En el Catecismo: CEC 1855; 1863

21. **P:** ¿Qué es un pecado mortal?

R: Un pecado mortal es una ofensa grave a Dios y en contra de su ley.

En la Biblia: Mateo 12,32; 1 Juan 5,16–18
En el Catecismo: CEC 1855; 1857

22. **P: ¿Nos abandona Dios cuando pecamos?**

R: Nunca. Dios siempre está llamándonos, rogándonos que volvamos a Él y a su camino.

En la Biblia: Salmo 103, 9–10. 13; Jeremías 3,22; Mateo 28, 20; Lucas 15, 11–32
En el Catecismo: CEC 27, 55, 982

23. **P: ¿Qué Persona de la Santísima Trinidad se hizo hombre?**

R: La Segunda Persona, Dios Hijo, se hizo hombre sin desprenderse de su naturaleza divina.

En la Biblia: 1 Juan 4,2
En el Catecismo: CEC 423, 464

24. **P: ¿Qué nombre se le dio a la Segunda Persona cuando se hizo hombre?**

R: Jesús.

En la Biblia: Lucas 1,31; Mateo 1,21
En el Catecismo: CEC 430

25. **P: ¿Cuándo el Hijo se hizo hombre, tenía una madre humana?**

R: Sí.

En la Biblia: Lucas 1,26, 27
En el Catecismo: CEC 488, 490, 495

26. **P: ¿Quién fue la Madre de Jesús?**

R: La Santísima Virgen María.

En la Biblia: Lucas 1,30. 31; Mateo 1,21–23
En el Catecismo: CEC 488, 495

27. **P: ¿Por qué honramos a María?**

R: Porque es la Madre de Jesús y también nuestra madre.

En la Biblia: Lucas 1,48; Juan 19,27
En el Catecismo: CEC 971

28. **P: ¿Quién fue el verdadero Padre de Jesús?**

R: Dios Padre.

En la Biblia: Lucas 1,35; Juan 17,1
En el Catecismo: CEC 422, 426, 442

29. **P**: ¿Quién fue el Padre Adoptivo de Jesús?

   R: José.

   En la Biblia: Mateo 1,19. 20; Mateo 2,13. 19–21
   En el Catecismo: CEC 437, 488, 1655

30. **P**: ¿Es Jesús Dios, o es un hombre, o es ambos Dios y hombre?

   R: Jesús es ambos Dios y hombre. Como la Segunda Persona
   de la Santísima Trinidad, es Dios; y como tomó una naturaleza
   humana de su madre María, Él es hombre.

   En la Biblia: Filipenses 2, 6–7; Juan 1,14. 16; Juan 13,3; 1 Juan 4,2
   En el Catecismo: CEC 464, 469

31. **P**: ¿Fue Jesús un hombre también?

   R: Si, Jesús fue completamente Dios y completamente humano.

   En la Biblia: Lucas 24,39; 1 Juan 4,2–3
   En el Catecismo: CEC 464, 469, 470

32. **P**: ¿Qué día nació Jesús?

   R: Jesús nació el día de Navidad en un establo en Belén.

   En la Biblia: Lucas 2,1–20; Mateo 1,18–25
   En el Catecismo: CEC 437, 563

33. **P**: ¿Qué es la Encarnación?

   R: La Encarnación es la creencia que Jesús se hizo hombre.

   En la Biblia: Juan 1,14; 1 Juan 4,2
   En el Catecismo: CEC 461, 463

34. **P**: ¿Amó Jesús la vida?

   R: Sí.

   En la Biblia: Juan 10,10; Juan 2,1–12
   En el Catecismo: CEC 221, 257, 989

35. **P**: Si Jesús amó la vida, ¿por qué murió en la cruz voluntariamente?

   R: Murió en la cruz porque nos amó más a ti y a mí que a la vida.

   En la Biblia: Romanos 5,8; Juan 15,13; Efesios 5,2
   En el Catecismo: CEC 1825, 604

36. **P: ¿Por qué Jesús sufrió y murió?**

R: Para que nos fueran perdonados nuestros pecados, y viviéramos con Él en el Cielo para siempre después de esta vida.

En la Biblia: Juan 3,16; 2 Corintios 5,14–16
En el Catecismo: CEC 604, 618, 620

37. **P: ¿Cómo llamamos el misterio de Dios hecho hombre?**

R: El Misterio de la Encarnación.

En la Biblia: Juan 1,14; 1 Juan 4,2
En el Catecismo: CEC 461, 463

38. **P: ¿Qué día murió Jesús en la cruz?**

R: El Viernes Santo, el día después de la Última Cena.

En la Biblia: Juan 19,16–40; Mateo 27,33–50
En el Catecismo: CEC 641

39. **P: ¿Qué día resucitó Jesús de entre los muertos?**

R: El Domingo de Pascua o de Resurrección, tres días después del Viernes Santo.

En la Biblia: Mateo 28,1–6; Mc 16,1–8
En el Catecismo: CEC 1169, 1170

40. **P: ¿Qué regalos recibimos como resultado de haber sido salvados por Jesús?**

R: Al morir en la cruz, Jesús restauró nuestra relación con Dios y abrió una compuerta de gracia.

En la Biblia: Lucas 23,44–46 Romanos 3,21–26; 2 Corintios 5,17–21
En el Catecismo: CEC 1026, 1047

41. **P: ¿Qué es la gracia?**

R: La gracia es la ayuda que Dios nos da para que respondamos generosamente a su llamado a hacer lo que es bueno y correcto, a crecer en virtud, y a vivir una vida santa.

En la Biblia: Juan 1,12–18; 2 Corintios 12,9
En el Catecismo: CEC 1996

42. **P: ¿Qué es la Fe?**

R: La fe es un regalo de Dios, una virtud sobrenatural que nos permite creer firmemente todas las verdades que Dios nos ha revelado.

En la Biblia: Hebreos 11,1
En el Catecismo: CEC 1814

43. **P: ¿Qué es la Esperanza?**

R: La Esperanza es un regalo de Dios, una virtud sobrenatural que nos permite confiar firmemente en que Dios cumplirá todas sus promesas y nos llevará al Cielo.

En la Biblia: Romanos 8,24–25; 1 Timoteo 4,10; 1 Timoteo 1,1; Hebreos 6,18–20
En el Catecismo: CEC 1817, 1820–1821

44. **P: ¿Qué es la Caridad?**

R: La Caridad es un regalo de Dios, una virtud sobrenatural que nos permite amar a Dios sobre todas las cosas y a nuestro prójimo como a nosotros mismos.

En la Biblia: Juan 13,34; 1 Corintios 13,4–13
En el Catecismo: CEC 1822, 1823, 1825

45. **P: ¿Te dará Dios los regalos de la Fe, la Esperanza, y la Caridad?**

R: Sí, Dios da los regalos de la Fe, la Esperanza, y la Caridad gratuitamente a todos los que los piden sincera y consistentemente.

En la Biblia: 1 Corintios 13,13
En el Catecismo: CEC 1813

46. **P: ¿Por cuánto tiempo me amará Dios?**

R: Dios te amará para siempre.

En la Biblia: Juan 13,1; Romanos 8,35–39
En el Catecismo: CEC 219

47. **P: ¿Cuándo ascendió Jesús al Cielo?**

R: El Jueves de la Ascensión, cuarenta días después de la Pascua de Resurrección.

En la Biblia: Hechos 1,9; Marcos 16,19
En el Catecismo: CEC 659

48. **P: ¿Cuándo descendió el Espíritu Santo sobre los Apóstoles?**

R: El Domingo de Pentecostés, cincuenta días después de la Pascua de Resurrección.

En la Biblia: Juan 20,21.22; Mateo 28,19
En el Catecismo: CEC 731, 1302

49. **P: ¿Qué quiere decir Redención?**

R: Redención quiere decir que la Encarnación, la Vida, la Muerte, y la Resurrección de Jesús pagaron el precio por nuestros pecados, abrieron las puertas del Cielo, y nos libraron del pecado y de la muerte.

En la Biblia: Efesios 1,7; Romanos 3,22–24; Romanos 4,25
En el Catecismo: CEC 517, 606, 613

50. **P: ¿Qué estableció Jesús para continuar su misión redentora?**

R: Estableció la Iglesia Católica.

En la Biblia: Mateo 16,18
En el Catecismo: CEC 773, 778, 817, 822

51. **P: ¿Por qué creemos que la Iglesia Católica es la única y verdadera Iglesia?**

R: Porque es la única Iglesia establecida por Jesús.

En la Biblia: Mateo 16,18
En el Catecismo: CEC 750

52. **P: ¿Importa a qué Iglesia o religión uno pertenece?**

R: Sí, para ser fieles a Jesús, es necesario permanecer en la Iglesia que El estableció.

En la Biblia: Marcos 16,16; Juan 3,5
En el Catecismo: CEC 846

53. **P: ¿Cuáles son las Cuatro Marcas de la Iglesia?**

R: Una, Santa, Católica, y Apostólica.

En la Biblia: Efesios 2,20. 4,3. 5,26; Mateo 28,19; Apocalipsis 21,14
En el Catecismo: CEC 813, 823, 830, 857

54. **P: ¿Cómo preserva la Iglesia las enseñanzas de Jesús?**

R: Por medio de la Sagrada Escritura y la Sagrada Tradición.

En la Biblia: 2 Timoteo 2,2; 2 Tesalonicenses 2,15
En el Catecismo: CEC 78, 81, 82

55. P: ¿Cómo se diferencia el calendario de la Iglesia del calendario secular?
R: El primer día del año de la Iglesia es el primer Domingo de Adviento, no el 1° de enero. El calendario de la Iglesia gira alrededor de la vida, muerte, y resurrección de Jesús. A lo largo del año de la Iglesia se despliega el misterio de Jesucristo.

En la Biblia: Lucas 2, 1–20; 1 Corintios 15, 3–4
En el Catecismo: CEC 1163; 1171, 1194

Profundizando

En el curso del año, experimentamos la historia de Jesús a través de las lecturas de la Misa, de los días de fiesta y de los días de precepto. El calendario de la Iglesia hace esto para recordarnos que la historia de Jesús no se trata simplemente de lo que pasó hace más de dos mil años. Se trata de nuestra amistad con Él hoy. Él misterio de su vida, de sus enseñanzas, y de la gracia salvadora está desplegándose en tu vida y en la vida de la iglesia hoy.

56. P: ¿Le dio Jesús una autoridad especial a uno de los Apóstoles?
R: Sí, a Pedro, cuando le dijo "Te daré las llaves del Reino de los Cielos, y lo que ates en la tierra será atado en el Cielo, y lo que desates en la tierra será desatado en el Cielo".

En la Biblia: Marcos 3,16. 9,2; Lucas 24,34
En el Catecismo: CEC 552, 881

57. P: ¿Quién habla con la autoridad que Jesús le dio a San Pedro?
R: El Papa, que es el sucesor de San Pedro, el Obispo de Roma, y el Vicario de Cristo en la tierra.

En la Biblia: Mateo 16,18; Juan 21, 15–17
En el Catecismo: CEC 891

58. P: ¿Cómo se llama el Papa actual?
R: Papa Francisco.

En la Biblia: Mateo 16,18; Juan 21,15–17
En el Catecismo: CEC 936

59. P: ¿Qué es la Sagrada Liturgia?
R: El culto público a Dios de la Iglesia.

En la Biblia: Juan 4,23–24
En el Catecismo: CEC 1069, 1070

60. **P: ¿Qué actitud debemos tener cuando participamos en la Sagrada Liturgia?**

R: Debemos tener una actitud reverente en nuestro corazón y respeto en nuestras acciones y en nuestra apariencia.

En la Biblia: Hebreos 12,28
En el Catecismo: CEC 2097

61. **P: ¿Qué es un Sacramento?**

R: Un Sacramento es un signo exterior instituido por Cristo y confiado a la Iglesia, para dar gracia. La gracia lleva frutos a aquéllos que lo reciben con la disposición requerida.

En la Biblia: 2 Pedro 1,4
En el Catecismo: CEC 1131

Profundizando

Dios te da gracia para ayudarte a hacer lo que es bueno y correcto. Cuando te abres a Dios, también te da gracia para que seas bueno, generoso, valiente y compasivo con el prójimo. La gracia trae frutos buenos a nuestra vida. Una de las maneras más poderosas en las que Dios comparte su gracia con nosotros es por medio de los Sacramentos. Esta gracia nos ayuda a convertirnos en la-mejor-versión-de-nosotros-mismos, a crecer en virtud y a vivir una vida santa.

62. **P: ¿Cómo comparte Jesús su vida con nosotros?**

R: Durante su vida terrenal, Jesús compartió su vida con otras personas por medio de sus palabras y de sus obras; ahora, Él comparte la misma vida con nosotros a través de los Sacramentos.

En la Biblia: Juan 3,16
En el Catecismo: CEC 521; 1131, 1115–1116

Profundizando

A Dios le encanta compartir su vida y su amor con nosotros. Podemos experimentar su vida por medio de la oración diaria, de la Escritura, y sirviendo unos a otros. La manera más poderosa en que Dios comparte su vida con nosotros es por medio de los Sacramentos. La Misa dominical y la Reconciliación regular son dos Sacramentos que nos guían y nos alientan en nuestra jornada para convertirnos en la-mejor-versión-de-nosotros-mismos, crecer en virtud, y vivir una vida santa.

63. **P: ¿Cuántos Sacramentos hay?**

R: Siete.

En la Biblia: Juan 20, 22–23; Lucas 22, 14–20; Juan 7,37–39, Santiago 5, 14–16; Hebreos 5, 1–6; Mateo 19,6
En el Catecismo: CEC 1113

64. **P: ¿Cuáles son los siete Sacramentos, y cuáles has recibido tú?**

R: Bautismo, Reconciliación, Eucaristía, Confirmación, Orden Sacerdotal, Matrimonio, Unción de los Enfermos. Tú has recibido el Bautismo, la Reconciliación, y la Eucaristía.

En la Biblia: Juan 20, 22–23; Lucas 22, 14–20; Juan 7,37–39, Santiago 5, 14–16; Hebreos 5, 1–6; Mateo 19,6
En el Catecismo: CEC 1113

65. **P: ¿Cuáles son los Sacramentos que puedes recibir sólo una vez?**

R: El Bautismo, la Confirmación, y el Orden Sacerdotal.

En la Biblia: Efesios 4,30
En el Catecismo: CEC 1272

66. **P: ¿Cómo se lleva a cabo la iniciación cristiana?**

R: La iniciación cristiana se lleva a cabo con tres Sacramentos: el Bautismo, que es el comienzo de la nueva vida; la Confirmación, que fortalece nuestra nueva vida en Cristo; y la Eucaristía, que alimenta a los discípulos con el Cuerpo y la Sangre de Jesús para que seamos transformados en Cristo.

En la Biblia: Juan 3,5; He 8,14–17; Juan 6,51–58
En el Catecismo: CEC 1212; 1275

Profundizando

La vida es un caminar con Dios. El Bautismo, la Confirmación y la Primera Comunión son grandes momentos en nuestro caminar; son Sacramentos que obran juntos para ayudarte a vivir tu vida mejor. En el Bautismo, recibimos una nueva vida en Jesús; en la Confirmación, Dios nos recuerda que tiene una misión especial pata todos y cada uno de nosotros; y la Primera Comunión nos da la fuerza y la sabiduría para vivir esa misión sirviendo a Dios y a los demás.

67. **P: Cuando naciste, ¿tenías Gracia Santificante (una parte en la vida de Dios)?**

R: No.

En la Biblia: Colosenses 1,12–14
En el Catecismo: CEC 403, 1250

68. **P:** **¿Por qué no nacemos con Gracia Santificante?**

R: Porque nacemos con el pecado original que es la pérdida de la Gracia Santificante.

En la Biblia: Génesis 3,23
En el Catecismo: CEC 403, 1250

69. **P:** **¿Fue algún ser humano concebido sin pecado original?**

R: Sí, María en su Inmaculada Concepción.

En la Biblia: Lucas 1:28
En el Catecismo: CEC 491, 492

70. **P:** **¿Cuál fue el pecado original?**

R: Adán y Eva fueron tentados por el diablo, y escogieron desconfiar de la bondad de Dios y desobedecer su ley.

En la Biblia: Génesis 3,1–11; Romanos 5,19
En el Catecismo: CEC 397

71. **P:** **¿Hay realmente un diablo?**

R: Sí.

En la Biblia: 1 Juan 5,19; 1 Pedro 5,8
En el Catecismo: CEC 391

72. **P:** **¿Es más fácil ser malo o ser bueno?**

R: Es más fácil ser malo, porque el pecado original nos ha dejado con una inclinación a pecar, llamada concupiscencia.

En la Biblia: Romanos 7,15–18
En el Catecismo: CEC 409, 1264, 2516

73. **P:** **¿Cuándo recibiste la Gracia Santificante por primera vez?**

R: En el Bautismo.

En la Biblia: 2 Corintios 5,17
En el Catecismo: CEC 1265

74. **P:** **¿Qué es el Bautismo?**

R: Es el Sacramento del renacer en Jesús que es necesario para la salvación.

En la Biblia: 2 Corintios 5,17; 2 Pedro 1,4; Gálatas 4,5–7
En el Catecismo: CEC 1266, 1277, 1279

Profundizando

El Bautismo es una gran bendición. Por medio de tu Bautismo te conviertes en miembro de la Iglesia Católica. Esta es otra razón maravillosa por la cual ser católico es una gran bendición. Por medio de tu Bautismo recibiste una nueva vida en Jesús. Tú fuiste hecho para la misión. Dios tenía esa misión en mente cuando fuiste bautizado y, desde entonces, cada día ha estado preparándote para tu misión. Descubrimos esa misión por medio de la oración, de los Sacramentos, y del servicio al prójimo. Dios no revela nuestra misión de una sola vez, Él la revela paso a paso.

75. **P: ¿Cuáles son los frutos del Bautismo?**

R: El Bautismo nos hace cristianos, nos limpia del pecado original y personal, y nos recuerda que somos hijos de Dios y miembros del Cuerpo de Cristo—la Iglesia.

En la Biblia: Gálatas 4,5–7
En el Catecismo: CEC 1279

Profundizando

En el Bautismo Dios nos da muchos regalos. Nos volvemos cristianos, nuestros pecados son perdonados, se nos da una nueva vida en Jesús, y Dios nos marca para una gran misión. Dios puede hacer todo esto por medio del poder del Espíritu Santo. En el Bautismo, nuestra alma se inunda con el don del Espíritu Santo, el cual nos ayuda en nuestra jornada a acercarnos más a Dios. Todos y cada uno de los Sacramentos que recibimos están llenos de regalos, grandes y pequeños. Cada bendición nos recuerda que somos hijos de un Padre amoroso.

76. **P: ¿Qué hizo el Bautismo por ti?**

R: El Bautismo te hizo miembro del Cuerpo de Dios, te hizo hijo/hija de Dios, y te libró del pecado original.

En la Biblia: 2 Corintios 5,17; 2 Pedro 1,4; Gálatas 4,5–7
En el Catecismo: CEC 1266, 1279

77. **P: ¿Qué edad tiene que tener una persona para ser bautizada?**

R: Una persona puede ser bautizada a cualquier edad. Desde los primeros tiempos del cristianismo, el Bautismo ha sido administrado a bebés porque es una gracia y un regalo dado gratuitamente por Dios y no presupone ningún mérito humano.

En la Biblia: Hechos 2,37–39
En el Catecismo: CEC 1282

Profundizando

El amor de Dios es un don gratuito. No hay nada que puedas hacer para ganarlo o perderlo. Puedes ser tentado a pensar que es algo que hay que ganar; esto no es cierto. Dios te amó en la vida, y te amó en la Iglesia. No hiciste nada para nacer, y si fuiste bautizado de bebé, no hiciste nada para ser bautizado. No hiciste nada para merecer la vida o el Bautismo. Dios te da la vida y la fe gratuitamente.

78. **P: ¿Quién administra el Sacramento del Bautismo?**

R: En una emergencia, cualquier persona puede administrar el Sacramento del Bautismo echando agua sobre la cabeza de la persona y diciendo "Yo te bautizo en el Nombre del Padre, y del Hijo, y del Espíritu Santo"; pero usualmente es administrado por un sacerdote o un diácono.

En la Biblia: Mateo 28,19
En el Catecismo: CEC 1284

Profundizando

No todas las personas son bautizadas de bebés, algunas no aprenden sobre Jesús hasta que son adultas. Pero Dios quiere que todos reciban la bendición del Bautismo. Él quiere que todos sean parte de su familia la Iglesia Católica, quiere que todos estén libres del pecado original. Él quiere que todos tengan una vida nueva en su Hijo Jesús y que pasen la eternidad con Él en el Cielo.

79. **P: ¿Cuánto tiempo permaneces siendo hijo de Dios?**

R: Para siempre.

En la Biblia: 1 Pedro 1,3. 4
En el Catecismo: CEC 1272, 1274

80. **P: ¿Puedes dejar de ser parte de la vida de Dios después del Bautismo?**

R: Sí.

En la Biblia: Marcos 3,29
En el Catecismo: CEC 1861

81. **P: ¿Podemos perder la nueva vida de gracia que Dios nos ha dado gratuitamente?**

R: Sí. La nueva vida de gracia se puede perder por el pecado.

En la Biblia: 1 Corintios 6,9; 2 Corintios 5, 19–21, 1 Juan 1,9
En el Catecismo: CEC 1420

Profundizando

En el Bautismo somos llenados con una gracia muy especial. Esta gracia nos bendice con una vida nueva y nos lleva a la amistad con Dios. Esa vida nueva puede lastimarse o perderse cuando pecamos. Cuando eso pase, no te preocupes, porque ¡Dios nos ha dado la bendición de la Reconciliación! Siempre que estemos sinceramente arrepentidos de haber pecado, podremos experimentar nuevamente la plenitud de la vida con Dios. ¡La Reconciliación es una gran bendición!

82. **P: ¿Cómo puedes perder la Gracia Santificante (una parte en la vida de Dios)?**
    R: Cometiendo un pecado mortal.

    En la Biblia: Gálatas 5,19–21; Romanos 1,28–32
    En el Catecismo: CEC 1861

83. **P: ¿Cuál es el peor pecado?**
    R: El pecado mortal.

    En la Biblia: 1 Juan 5,16
    En el Catecismo: CEC 1855, 1874, 1875

84. **P: ¿Cuáles son las tres características que hacen a un pecado mortal?**
    R: 1. Desobedecer a Dios en algo serio.
       2. Hacer algo que sabes que es malo.
       3. A pesar de todo decidir libremente hacerlo.

    En la Biblia: Marcos 10,19; Lucas 16, 19–31; Santiago 2, 10–11
    En el Catecismo: CEC 1857

85. **P: ¿Qué pasa si mueres en estado de pecado mortal?**
    R: Vas al infierno.

    En la Biblia: 1 Juan 3,14–15; Mateo 25,41–46
    En el Catecismo: CEC 1035, 1472, 1861, 1874

86. **P: ¿Hay realmente un infierno?**
    R: Si, es el lugar de separación eterna de Dios

    En la Biblia: Isaías 66,24; Marcos 9,47. 48
    En el Catecismo: CEC 1035

87. **P: ¿Qué pasa si mueres con un pecado venial en tu alma?**

R: Vas al purgatorio, donde eres purificado y perfeccionado.

En la Biblia: 1 Corintios 3,14–15; 2 Macabeos 12,45–46
En el Catecismo: CEC 1030, 1031, 1472

88. **P: ¿Qué les pasa a las almas en el purgatorio después de su purificación?**

R: Van al Cielo.

En la Biblia: 2 Macabeos 12,45
En el Catecismo: CEC 1030

89. **P: ¿Hay realmente un Cielo?**

R: Si; es el lugar de felicidad eterna con Dios.

En la Biblia: 1 Juan 3,2; 1 Corintios 13,12; Apocalipsis 22,4
En el Catecismo: CEC 1023, 1024

90. **P: ¿Puede cualquier pecado ser perdonado sin importar cuán grave sea?**

R: Sí, cualquier pecado, no importa cuán grave es o cuántas veces es cometido, puede ser perdonado.

En la Biblia: Mateo 18,21–22
En el Catecismo: CEC 982

91. **P: ¿Cuál es el propósito principal del Sacramento de la Reconciliación?**

R: El propósito principal del Sacramento de la Reconciliación es el perdón de los pecados cometidos después del Bautismo.

En la Biblia: Sirácides 18,12–13; Sirácides 21,1; Hechos 26, 17–18
En el Catecismo: CEC 1421; 1446; 1468

Profundizando

Por medio del Bautismo nos convertimos en hijos de Dios, somos bienvenidos a una nueva vida de gracia, y se nos da la promesa del Cielo. A medida que crecemos, podemos hacer cosas que dañan nuestra relación con Dios; pero El sigue amándonos, y nos invita a participar regularmente en la Reconciliación para que nuestra amistad con Él siempre pueda ser tan fuerte como lo fue en el Bautismo. Si ofendemos a Dios, lo mejor que hay que hacer es decirle que lo sentimos yendo a la Reconciliación.

92. **P: ¿Cuales son otros nombres por los que se conoce el Sacramento de la Reconciliación?**

R: En diferentes lugares y en distintos momentos, también se le llama el Sacramento de la Conversión, de la Confesión o de la Penitencia.

En la Biblia: Marcos 1,15; Proverbios 28,13; Hechos 3,19; 2 Pedro 3,9
En el Catecismo: CEC 1423; 1424

Profundizando

Jesús te ama y quiere salvarte de tus pecados. Quiere salvarte porque quiere vivir en amistad contigo en la tierra y en el Cielo. Él quiere compartir su alegría contigo y que tú, compartas esa alegría con los demás. No importa qué nombre se use, el Sacramento de la Reconciliación restaura nuestra amistad con Dios y nos ayuda a convertirnos en la-mejor-versión-de-nosotros-mismos, a crecer en virtud, y a vivir una vida santa.

93. **P: ¿Es el Sacramento de la Reconciliación una bendición?**

R: Sí, es una gran bendición de Dios.

En la Biblia: Salmo 32, 1–2; Romanos 4,6–8
En el Catecismo: CEC 1468; 1496

94. **P: ¿Quién comete pecados?**

R: Todas las personas pecan.

En la Biblia: Romanos 3,23–25; 1 Juan 1,8–10
En el Catecismo: CEC 827

95. **P: ¿Cómo puede ser perdonado un pecado mortal?**

R: Por medio del Sacramento de la Reconciliación.

En la Biblia: 2 Corintios 5,20–21
En el Catecismo: CEC 1446, 1497

96. **P: Cuál es la manera común de reconciliarnos con Dios y con su Iglesia?**

R: La manera común de reconciliarnos con Dios y con su Iglesia es por medio de la confesión personal de todo pecado grave a un sacerdote, seguida de la absolución.

En la Biblia: Juan 20,23
En el Catecismo: CEC 1497

Profundizando

Todos nos alejamos de Dios de vez en cuando. Cuando lo hacemos, es un buen momento de ir al Sacramento de la Reconciliación y decirle a Dios lo siento. Puedes ser tentado a caer en la trampa de pensar que tu pecado es demasiado grande para que Dios lo perdone; mas no hay nada que puedas hacer para que Dios deje de amarte. Las puertas de la iglesia siempre están abiertas y Dios siempre está dispuesto a perdonarnos cuando sentimos haber pecado. ¡El Sacramento de la Reconciliación es una gran bendición!

97. P: **Cuáles son las tres cosas que tienes que hacer para recibir el perdón de los pecados en el Sacramento de la Reconciliación?**

    R: 1.   Estar sinceramente arrepentido de haber pecado.
       2.   Confesar todos los pecados mortales por su nombre y el número de veces cometidos desde la última confesión.
       3.   Buscar la manera de enmendar tu vida.

En la Biblia: Romanos 8,17; Romanos 3,23–26
En el Catecismo: CEC 1448

Profundizando

Cuando pecamos nos volvemos intranquilos e infelices. Dios no quiere esto, así que nos invita a ir a la Reconciliación para llenarnos con su alegría. Puede que haya momentos en tu vida en que te sientas lejos de Dios; pero nunca pienses que Dios no quiere que vuelvas a Él. Nunca pienses que tus pecados son más grandes que el amor de Dios. El amor y la misericordia de Dios siempre estarán esperándote en el Sacramento de la Reconciliación.

98. P: **¿Cuáles son las tres acciones que se nos piden realizar en el Sacramento de la Reconciliación?**

    R: Arrepentirnos de haber pecado, confesar los pecados al sacerdote, y tener la intención de expiar nuestros pecados cumpliendo la penitencia que nos da el sacerdote.

En la Biblia: 1 Juan 1,9
En el Catecismo: CEC 1491

Profundizando

La Reconciliación regular es una de las maneras más poderosas en que Dios comparte su gracia y su misericordia con nosotros. Dios nos pide que nos arrepintamos de haber pecado, que confesemos nuestros pecados en voz alta al sacerdote, y que hagamos un acto de penitencia para que nuestra amistad con Dios sea restaurada y fortalecida. Mientras más asistas a la Reconciliación, más llegarás a darte cuenta del poder increíble de la gracia y de la misericordia de Dios en tu vida.

99. **P: ¿Quién tiene poder para perdonar los pecados?**

R: Jesucristo por medio de un sacerdote católico.

En la Biblia: Juan 20,23; 2 Corintios 5,18
En el Catecismo: CEC 1461, 1493, 1495

100. **P: ¿Puede el sacerdote hablar de tus pecados con otras personas?**

R: No. El sacerdote tiene que guardar en secreto todos los pecados que le son confesados.

En la Biblia: 2 Corintios 5,18–19
En el Catecismo: CEC 1467

Profundizando

Si estás nervioso acerca de ir a la Confesión, está bien; estar nervioso es natural. Sólo entiende que el sacerdote está ahí para ayudarte; él no pensará mal de ti debido a tus pecados ni le dirá a nadie cuáles son. Por el contrario, estará feliz de que hayas ido a confesarte. Recuerda, el sacerdote está ahí para animarte, para extenderte el amor y la misericordia de Dios, y para ayudarte a crecer en virtud.

101. **P: ¿Cuál es el propósito de la penitencia?**

R: Después de haber confesado tus pecados, el sacerdote te dará una penitencia para que la cumplas. El propósito de estos actos de penitencia es reparar el daño causado por el pecado y restablecer los hábitos de un discípulo de Cristo.

En la Biblia: Lucas 19,8; Hechos 2,38
En el Catecismo: CEC 1459–1460

Profundizando

La amistad es hermosa; pero también es frágil. Dios nos da el Sacramento de la Reconciliación para sanar el dolor causado por el pecado y reparar nuestra amistad con Él. Cuando cumplimos nuestra penitencia le mostramos a Dios que estamos sinceramente arrepentidos. La penitencia ayuda a nuestra alma a estar saludable de nuevo.

102. **P: ¿Con cuánta frecuencia debo ir a confesarme?**

   R: Debes ir inmediatamente si estás en estado de pecado mortal; de otra manera, es recomendable que vayas una vez al mes, ya que es muy recomendable confesar los pecados veniales. Antes de la confesión, debes examinar tu conciencia cuidadosamente.

   En la Biblia: Hechos 3,19; Lucas 5, 31–32; Jeremías 31,19
   En el Catecismo: CEC 1457, 1458

   Profundizando

   A Dios le gustan las relaciones saludables, y el perdón es esencial para tenerlas. Asistir regularmente al Sacramento de la Reconciliación y pedir perdón, es una manera poderosa de tener una relación fabulosa con Dios. Muchos de los santos iban a la Reconciliación todos los meses, algunos aún con más frecuencia. Ellos sabían que ir a confesarse era la única manera de estar reconciliados con Dios. También sabían que nada les proporcionaba más alegría que tener una fuerte amistad con Jesús.

103. **P: ¿Nos reconcilia el Sacramento de la Reconciliación solamente con Dios?**

   R: No. El Sacramento de la Reconciliación nos reconcilia con Dios y tambien con la Iglesia.

   En la Biblia: 1 Corintios 12,26
   En el Catecismo: CEC 1422, 1449, 1469

   Profundizando

   Dios se deleita en su relación contigo y en tu relación con la Iglesia. El pecado enferma tu alma, lastima a otras personas, y daña tu relación con Dios y con la Iglesia. Cuando nos confesamos, Dios nos perdona y sana nuestra alma. También sana nuestra relación con Él y con la Iglesia por medio del Sacramento de la Reconciliación.

104. **P: ¿Cómo experimentamos la misericordia de Dios?**

   R: Nosotros experimentamos la misericordia de Dios en el Sacramento de la Reconciliación; también a través de la bondad, la generosidad, y la compasión de otras personas. La misericordia de Dios nos acerca a Él. También podemos ser instrumentos de la misericordia de Dios realizando obras de misericordia con bondad, generosidad y compasión.

   En la Biblia: Lucas 3,11; Juan 8,11
   En el Catecismo: CEC 1422, 1449, 2447

Profundizando

Algunas veces cuando hacemos algo que está mal, podemos estar tentados a pensar que Dios ya no nos amará. Pero eso nunca es cierto. Dios siempre te amará porque nuestro Dios es un Dios misericordioso. Él nos muestra su misericordia perdonándonos, enseñándonos y cuidando de nuestras necesidades físicas y espirituales aun cuando no lo merezcamos. Nos muestra su misericordia a través del Sacramento de la Reconciliación y a través de las acciones amorosas de otras personas. Dios te invita a propagar su misericordia perdonando al prójimo, rezando por otras personas, y cuidando de los necesitados.

105. **P: :¿En qué lugar de la Iglesia está presente Jesús de una manera especial?**
R: En el tabernáculo.

En la Biblia: Éxodo 40,34; Lucas 22,19
En el Catecismo: CEC 1379

106. **P: ¿Quién es la fuente de todas las bendiciones?**
R: Dios es la fuente de todas las bendiciones. En la Misa, alabamos y adoramos a Dios Padre como la fuente de toda bendición en la Creación. También le damos gracias a Dios Padre por enviarnos a su Hijo. Sobre todo, le expresamos nuestra gratitud a Dios Padre por hacernos hijos suyos.

En la Biblia: Lucas 1,68–79; Salmo 72,18–19;
En el Catecismo: CEC 1083, 1110

Profundizando

Dios te ha bendecido de muchas maneras; pero toda bendición viene de la primerísima bendición—¡la vida! Dios te ha dado la vida y te ha hecho hijo/a suyo. ¡Esta es una bendición increíble! Una de las maneras más grandes en que podemos mostrarle a Dios nuestra gratitud es asistiendo a Misa. Al estar ahí todos los domingos y participando en la Misa, le muestras a Dios cuán agradecido estás por todo lo que Él ha hecho por ti.

107. **P: Verdadero o Falso. Cuando recibes la Eucaristía recibes un pedazo de pan que significa, simboliza, o representa a Jesús.**
R: Falso.

En la Biblia: Mateo 26,26
En el Catecismo: CEC 1374, 1413

108. P: ¿Qué recibes en la Eucaristía?

R: El Cuerpo, la Sangre, el Alma, y la Divinidad de Cristo.

En la Biblia: 1 Corintios 11,24; Juan 6,54–55
En el Catecismo: CEC 1374, 1413

Profundizando

Jesús está verdaderamente presente en la Eucaristía. No es un símbolo, es Jesús. Nosotros recibimos completamente a Jesús en la Eucaristía. Hasta la miga más pequeña de una hostia contiene a Jesús en su totalidad. El pan y el vino se convierten en Jesús en el momento de la consagración. Este es un momento increíble. En este momento Jesús vuelve a estar entre nosotros. Cada vez que vas a Misa, el pan y el vino son transformados en el Cuerpo y la Sangre de Jesús. Dios te ha bendecido al poder recibir a Jesús en la Eucaristía.

109. P: ¿Qué es la Transubstanciación?

R: El momento en que el pan y el vino de convierten en el Cuerpo y la Sangre de Jesús.

En la Biblia: Mateo 26,26; Marcos 14,22; Lucas 22,19–20
En el Catecismo: CEC 1376

Profundizando

Dios tiene el poder de transformar todas las personas y cosas con las que Él tiene contacto. Todos los días, en toda la Iglesia Católica, durante cada misa, Dios transforma el pan y el vino comunes en el Cuerpo y la Sangre de Jesucristo. Después de recibir a Jesús en la Eucaristía, muchos de los Santos rezaban para convertirse en lo que habían recibido. Dios respondió sus oraciones y transformó su vida ayudándolos a vivir como Jesús. Al igual que con los Santos, Dios puede transformar tu vida. Cada vez que recibes a Jesús en la Eucaristía de una manera meritoria, puedes volverte un poco más como Él. Al igual que Jesús, puedes amar generosamente, y servir de una manera impactante a todo el que encuentres.

110. P: ¿Cuándo se transforman el pan y el vino en el Cuerpo y la Sangre de Cristo?

R: Son transformados por las palabras y la intención del sacerdote en el momento de la consagración, durante la Misa. El sacerdote, pidiendo la ayuda del Espíritu Santo, dice las mismas palabras que Jesús dijo en la Última Cena: "Este es mi cuerpo que será entregado por ustedes. Este es el cáliz de mi sangre".

En la Biblia: Marcos 14,22; Lucas 22,19—20
En el Catecismo: CEC 1412, 1413

Profundizando

La Última Cena es la comida más famosa de la historia del mundo. En ese lugar hace más de dos mil años, Jesús se entregó completamente a sus discípulos. Cada vez que vamos a Misa, el sacerdote pronuncia las mismas palabras que Jesús dijo durante la Última cena. Cuando lo hace, el pan de trigo y el vino de uva se convierten en el Cuerpo y la Sangre de Jesús. ¡Asombroso! Jesús quiere entregarse completamente a ti igual que se entregó completamente a sus discípulos en la Ultima Cena. Jesús quiere ser invitado a tu vida, quiere animarte, guiarte, escucharte, y amarte. Él se ofrece a ti de una manera especial en la Misa, especialmente en el regalo asombroso de la Santa Eucaristía.

111. **P: ¿Cuáles son los beneficios de recibir el Cuerpo y la Sangre de Jesús en la Eucaristía?**

R: Cuando recibes a Jesús en la Eucaristía te unes más con el Señor, tus pecados veniales son perdonados, y recibes gracia para evitar los pecados mortales. Recibir a Jesús en la Eucaristía también aumenta tu amor por Él y refuerza el hecho que eres miembro de la familia de Dios—la Iglesia Católica.

En la Biblia: Juan 6,56—57
En el Catecismo: CEC 1391—1396

Profundizando

La Eucaristía nos da poder para hacer grandes cosas por Dios. Los santos hicieron cosas increíbles por Dios durante su vida y la Eucaristía fue la fuente de su fortaleza. Por medio de la Eucaristía nos acercamos más a Dios, nos alejamos más de los hábitos pecaminosos, y crecemos en el amor a Jesús y a la Iglesia Católica. La Eucaristía es el alimento supremo para tu alma y te dará la fuerza y el valor necesarios para servir a Dios y al prójimo de una manera impactante al igual que los santos.

112. **P: ¿Cuán importante es la Eucaristía para la vida de la Iglesia?**

R: La Eucaristía es indispensable en la vida de la Iglesia. La Eucaristía es el corazón de la Iglesia. Una de las razones por las que la Eucaristía es tan importante para la vida de la Iglesia es porque a través de ella Jesús une a todos los miembros de la Iglesia con su sacrificio en la cruz. Toda gracia que fluye del sufrimiento, la muere, y la resurrección de Jesús viene a nosotros a través de la Iglesia.

En la Biblia: Juan 6,51. 54. 56
En el Catecismo: CEC 1324, 1331, 1368, 1407

Profundizando

Jesús prometió estar siempre con nosotros, pase lo que pase. Él ha estado cumpliendo esa promesa por más de 2,000 años. Jesús está siempre con nosotros en la Eucaristía. La Eucaristía nos une a Jesús y a su Iglesia. También nos une unos a otros. Somos bendecidos al tener la Eucaristía. Sólo por medio de la Iglesia Católica podemos recibir el regalo de la Eucaristía. ¡Es una bendición ser católico!

113. **P: ¿Debes recibir la Eucaristía en estado de pecado mortal?**

R: No. Si lo haces, cometes el pecado mortal adicional de sacrilegio.

En la Biblia: 1 Corintios 11,27–29
En el Catecismo: CEC 1385, 1415, 1457

Profundizando

Sería terrible si Jesús viene a visitar tu casa y está tan desordenada que no puedes abrir la puerta para dejarlo entrar. No importa cuánto quiera Jesús ser parte de nuestra vida, Él nunca se nos impondrá. El pecado mortal le tira la puerta de nuestra alma a Jesús en su cara; rompe nuestra relación con Dios y previene que las gracias maravillosas de la Eucaristía fluyan en nuestro corazón, en nuestra mente, y en nuestra alma. La Reconciliación vuelve a abrir la puerta de nuestra alma y deja que Jesús entre en nuestra vida de nuevo.

114. **P: ¿Qué es un sacrilegio?**

R: El abuso de una persona sagrada, de un lugar sagrado, o de una cosa sagrada.

En la Biblia: 1 Corintios 11,27–29
En el Catecismo: CEC 2120

115. **P: Si estás en estado de pecado mortal, ¿qué debes hacer antes de recibir la Eucaristía?**

R: Debes confesarte lo antes posible.

En la Biblia: 2 Corintios 5,20
En el Catecismo: CEC 1385, 1457

116. **P: ¿Quién ofreció la primera Misa?**

R: Jesucristo.

En la Biblia: Marcos 14,22–24
En el Catecismo: CEC 1323

117. **P: ¿Cuándo ofreció Jesús la primera Misa?**

R: La noche del Jueves Santo, la noche antes de morir, en la Última Cena.

En la Biblia: Mateo 26,26–28
En el Catecismo: CEC 1323

118. **P: ¿Quién ofrece el Sacrificio Eucarístico?**

R: Jesús es el eterno Sumo Sacerdote. En la Misa, Él ofrece el Sacrificio Eucarístico por medio del ministerio del sacerdote.

In the Bible: Marcos 14,22; Mateo 26,26; Lucas 22,19; 1 Corintios 11,24
En el Catecismo: CEC 1348

Profundizando

La Ultima Cena fue la primera celebración eucarística; fue la Primera Comunión de los discípulos, y la primera vez que alguien recibió la Eucaristía. La Misa no es simplemente un símbolo de lo que pasó esa noche. Jesús está verdaderamente presente en la Eucaristía. Cada vez que comulgamos, Jesús se entrega a nosotros de la misma manera que se entregó a sus discípulos hace más de 2,000 años. En la Misa, Jesús obra a través del sacerdote para transformar el pan y el vino en su Cuerpo y su Sangre.

119. **P: ¿Qué es el Sacrificio de la Misa?**

R: Es el sacrificio de Jesucristo en el Calvario, la conmemoración de la Pascua de Cristo, hecha presente cuando el sacerdote repite las palabras de la consagración pronunciadas por Jesús sobre el pan y el vino en la Última Cena.

En la Biblia: Hebreos 7,25–27
En el Catecismo: CEC 1364, 1413

Profundizando

Dios nos ama tanto que irá a extremos inimaginables para probar su amor por nosotros. El Viernes Santo, Jesús fue golpeado, fanfarroneado, burlado, escupido, maldecido, y crucificado. Jesús dio su vida por nosotros. El Domingo de Pascua, Jesús resucitó de entre los muertos. Lo hizo para que nosotros pudiéramos vivir una vida muy diferente aquí en la tierra y felizmente con Él para siempre en el Cielo. Cada vez que vamos a Misa recordamos la vida de

Jesús, el camino que Él nos invita seguir, y los extremos increíbles a los que Él fue para mostrarnos su amor.

120. **P:** **¿Quién puede presidir la Eucaristía?**

R: Solamente un sacerdote ordenado puede presidirla y consagrar el pan y el vino para que se transformen en el Cuerpo y la Sangre de Jesús.

En la Biblia: Juan 13,3–8
En el Catecismo: CEC 1411

Profundizando

Ser sacerdote es un gran honor y un gran privilegio. Los sacerdotes dan su vida para servir a Dios y a su pueblo. El sacerdocio es una vida de servicio. Uno de los supremos privilegios del sacerdocio es ocupar el lugar de Jesús y transformar el pan y el vino en la Eucaristía. Este privilegio está reservado solamente para los sacerdotes. Nadie más que un sacerdote puede hacerlo.

121. **P:** **¿Cómo participamos en el Sacrificio de la Misa?**

R: Uniéndonos y uniendo nuestras intenciones al pan y al vino ofrecido por el sacerdote, que se convierten en el sacrificio de Jesús que Él ofreció al Padre.

En la Biblia: Romanos 12,1
En el Catecismo: CEC 1407

122. **P:** **¿Qué incluye siempre la celebración eucarística en que participamos en la Misa?**

R: Incluye la proclamación de la Palabra de Dios; la acción de gracias a Dios Padre por todas sus bendiciones; la consagración del pan y el vino; y la participación en el banquete litúrgico recibiendo el Cuerpo y la Sangre del Señor. Estos elementos constituyen un solo acto de culto.

En la Biblia: Lucas 24,13–35
En el Catecismo: CEC 1345–1355, 1408

Profundizando

La Misa sigue una cierta formula que siempre se repite y nunca cambia. Puedes ir a Misa en cualquier parte del mundo y siempre encontrarás que es igual. En toda Misa leemos de la Biblia, le mostramos nuestra gratitud a Dios por la bendición de Jesús, somos testigos de la transformación del pan y el vino en el Cuerpo y la Sangre de Jesús, y recibimos a Jesús durante la comunión. En medio de esta gran rutina, Dios quiere sorprenderte. Podrías pasar toda la vida yendo a Misa cada día y al fin de tu vida todavía ser sorprendido por lo que Dios tiene que decirte en la Misa. ¡La Misa es verdaderamente asombrosa!

123. **P: ¿Qué papel juega la música en la Misa?**

R: La música sagrada nos ayuda a rendirle culto a Dios.

En la Biblia: Salmo 57,8–10; Efesios 5,19; Hebreos 2,12; Colosenses 3,16
En el Catecismo: CEC 1156

Profundizando

Algunas veces, cuando estamos orando puede ser difícil encontrar las palabras correctas para expresar cómo nos sentimos. Para ayudarnos, Dios nos da el gran regalo de la música sagrada. Durante la Misa habrá cantos de alabanza, cantos de adoración, cantos de petición, y cantos de acción de gracias. La música sagrada ayuda a elevar nuestro corazón a Dios y a unirnos como una comunidad clamando a Dios con una voz.

124. **P: ¿Cuál es el Día del Señor?**

R: El domingo es el Día del Señor. Es un día de descanso; un día para que se reúna la familia. Es el día principal para celebrar la Eucaristía porque es el día de la Resurrección.

En la Biblia: Éxodo 31,15; Mateo 28,1; Marcos 16,2; Juan 20,1
En el Catecismo: CEC 1166; 1193; 2174

Profundizando

El domingo es un día muy especial. La Resurrección de Jesús es tan importante que la celebramos todos los días en la Misa; pero cada domingo la celebramos de una manera especial. Lo hacemos descansando, pasando tiempo con la familia, y yendo a Misa. El Día del Señor es un día para maravillarse de todas las maneras asombrosas que Dios nos ha bendecido, y por eso es un día de agradecimiento.

125. **P: Es un pecado mortal dejar de ir a Misa el domingo o un día de precepto por tu propia falta?**

R: Sí.

En la Biblia: Éxodo 20,8
En el Catecismo: CEC 2181

126. P: ¿Qué persona de la Santísima Trinidad recibes en la Confirmación?

R: El Espíritu Santo

En la Biblia: Romanos 8,15
En el Catecismo: CEC 1302

127. P: ¿Qué pasa en el Sacramento de la Confirmación?

R: El Espíritu Santo desciende sobre nosotros y nos fortalece para que seamos soldados de Cristo, para que podamos propagar y defender la fe católica.

En la Biblia: Juan 14,26; 15,26
En el Catecismo: CEC 1303, 2044

128. P: ¿Qué es la Confirmación?

R: Es un Sacramento que perfecciona la gracia bautismal. Por medio de él recibimos el Espíritu Santo y somos fortalecidos en gracia para que podamos crecer en virtud, vivir una vida santa, y llevar a cabo la misión a la que Dios nos llama.

En la Biblia: Juan 20,22; Hechos 2,1–4
En el Catecismo: CEC: 1285, 1316

Profundizando

Cuando seas mayor, tendrás la bendición de recibir el Sacramento de la Confirmación. La Confirmación nos recuerda que en el Bautismo Dios nos bendijo con una misión especial y nos llenó con el Espíritu Santo. Por medio de la efusión del Espíritu Santo en la Confirmación, somos llenados con el valor y la sabiduría que necesitamos para vivir la misión que Dios nos ha dado. La Confirmación profundiza nuestra amistad con Jesús y con la Iglesia Católica; nos recuerda que somos hijos de un gran Rey. Será un momento especial en tu vida y ¡una bendición maravillosa!

129. P: ¿Cuándo se recibe la Confirmación?

R: En el oeste, la mayoría de los católicos recibe la Confirmación durante su adolescencia; pero en el este la Confirmación es administrada inmediatamente después del Bautismo.

En la Biblia: Hebreos 6,1–3
En el Catecismo: CEC 1306, 1318

Profundizando

El Bautismo, la Confirmación y la Primera Comunión son llamados Sacramentos de Iniciación. De una manera especial, los Sacramentos de Iniciación profundizan nuestra amistad con Jesús y con la Iglesia, nos llenan con lo que necesitamos para vivir la misión de Dios para nuestra vida, y nos inspiran para convertirnos en todo lo que Dios nos creó para ser. Es importante recordar que estos tres Sacramentos están conectados; que son la base de una amistad fabulosa con Dios en la tierra y, para siempre, en el Cielo. En algunas partes del mundo, y en momentos diferentes a lo largo de la historia, hay personas que los han recibido en distintos momentos según las tradiciones locales y consideraciones prácticas. Por ejemplo, hace cientos de años, es posible que el Obispo visitara un pueblo solamente una vez cada dos o tres años, y, por lo tanto, la Confirmación se celebraba cuando él visitaba. Aún hoy día, algunos niños reciben el Bautismo, la Primera Comunión, y la Confirmación al mismo tiempo.

130. **P: ¿Cuáles son los siete dones del Espíritu Santo?**

R: Entendimiento, sabiduría, consejo, fortaleza, ciencia, piedad, y temor de Dios.

En la Biblia: Isaías 11,2–3
En el Catecismo: CEC 1830, 1831

131. **P: Antes de ser confirmado, le prometerás al Obispo que nunca dejarás de practicar tu fe católica por nada ni por nadie. ¿Hiciste esa promesa antes alguna vez?**

R: Sí, en el Bautismo.

En la Biblia: Josué 24,21–22
En el Catecismo: CEC 1298

132. **P: La mayoría de las personas fueron bautizadas cuando eran bebés. ¿Cómo pudieron hacer esa promesa?**

R: Sus padres y sus padrinos hicieron esa promesa por ellas.

En la Biblia: Marcos 16,16
En el Catecismo: CEC 1253

133. **P: ¿Qué clase de pecado es recibir la Confirmación en estado de pecado mortal?**

R: Un sacrilegio.

En la Biblia: 1 Corintios 11,27–29
En el Catecismo: CEC 2120

134. **P: Si has cometido un pecado mortal, ¿qué debes hacer antes de recibir la Confirmación?**

R: Debes hacer una buena Confesión.

En la Biblia: 2 Corintios 5,20; Lucas 15,18
En el Catecismo: CEC 1310

135. **P: ¿Cuáles son las tres vocaciones tradicionales?**

R: Matrimonio, Orden Sacerdotal, y Vida Consagrada.

En la Biblia: Efesios 5,31, 32; Hebreos 5,6, 7,11; Salmo 110,4; Mateo 19,12; 1 Corintios 7,34–66
En el Catecismo: CEC 914, 1536, 1601

136. **P: ¿Cuáles son los tres votos que un hombre consagrado o una mujer consagrada toma?**

R: Castidad, Pobreza y Obediencia.

En la Biblia: Mateo 19,21; Mateo 19,12; 1 Corintios 7,34–36; Hebreos 10,7
En el Catecismo: CEC 915

137. **P: ¿Cuáles son los tres rangos (grados) del Orden Sacerdotal?**

R: Diácono, Sacerdote, y Obispo.

En la Biblia: 1 Timoteo 4,14; 2 Timoteo 1,6–7
En el Catecismo: CEC 1554

138. **P: ¿Para quién hizo Dios el matrimonio?**

R: Para un hombre y una mujer.

En la Biblia: Génesis 1,26–28; Efesios 5,31
En el Catecismo: CEC 1601, 2360

139. **P: ¿Pueden dos hombres o dos mujeres casarse?**

R: No.

En la Biblia: Génesis 19,1–29; Romanos 1,24–27; 1 Corintios 6,9
En el Catecismo: CEC 2357, 2360

140. **P:** ¿Cuándo pueden empezar a vivir juntos una mujer y un hombre?

R: Solamente después de su matrimonio.

En la Biblia: 1 Corintios 6,18–20
En el Catecismo: CEC 235

141. **P:** ¿Cuáles son las tres promesas matrimoniales
que se hacen mutuamente los esposos?

R: Fidelidad, permanencia y estar abiertos a tener hijos.

En la Biblia: Mateo 19,6; Génesis 1,28
En el Catecismo: CEC 1640, 1641, 1664

142. **P:** ¿Por qué es malo el aborto?

R: Porque le quita la vida a un bebé en el vientre de su madre.

En la Biblia: Jeremías 1,5; Salmo 139,13
En el Catecismo: CEC 2270

143. **P:** ¿Cuántos Mandamientos hay?

R: Diez.

En la Biblia: Éxodo 20,1–18; Deuteronomio 5,6–21
En el Catecismo: CEC 2054

144. **P:** ¿Cuáles son los Diez Mandamientos?

R: 1. Yo soy el Señor, tu Dios. No tendrás otro dios más que a mí.

2. No tomarás el Nombre del Señor, tu Dios, en vano.

3. Recuerda guardar el Día del Señor.

4. Honra a tu padre y a tu madre.

5. No matarás.

6 No cometerás adulterio.

7. No robarás.

8. No darás falsos testimonios en contra de tu prójimo.

9. No codiciarás la mujer de tu prójimo.

10. No codiciarás los bienes de tu prójimo.

En la Biblia: Éxodo 20,1–18; Deuteronomio 5,6–21
En el Catecismo: CEC pp. 496, 497

145. **P: ¿Cuáles son las cuatro tipos principales de oración?**

R: Las cuatro tipos principales de oración son: adoración, acción de gracias, petición e intercesión.

En la Biblia: Salmo 95,6; Colosenses 4,2; Santiago 5,16; 1 Juan 3,22
En el Catecismo: CEC 2628, 2629, 2634, 2638, 2639

146. **P: ¿Cuán frecuentemente debes rezar?**

R: Todos los días.

En la Biblia: 1 Tesalonicenses 5,17; Lucas 18,1
En el Catecismo: CEC 2742

Reconocimientos

Este Proyecto comenzó con un sueño: crear la mejor experiencia de la Primera Reconciliación y de la Primera Comunión del mundo. Esperamos haber realizado ese sueño para los millones de almas jóvenes que experimentarán este programa.

Cientos de personas han derramado su tiempo, su talento, y su pericia en *Bendecido*. Es el resultado de años de investigación, desarrollo, y prueba. A cada uno de los que han contribuido—y ustedes saben quiénes son—en cada etapa del proceso: ¡Gracias! Que Dios los bendiga y los recompense ricamente por su generosidad.

Un agradecimiento especial para Jack Beers, Bridget Eichold, Katie Ferrara, Allen and Anita Hunt, Steve Lawson, Mark Moore, Shawna Navaro, Father Robert Sherry, and Ben Skudlarek.

Más allá de las enormes contribuciones de talento, otras personas han sido increíblemente generosas con su dinero. *Bendecido* fue financiado por un grupo de donantes extremadamente generosos. Ahora estará disponible sin costo alguno para todas las parroquias en Norteamérica. Esta es una de las muchas maneras en que este programa es único.

En la historia, todo lo grande ha sido logrado por personas que creyeron que el futuro podría ser mejor que el pasado. ¡Gracias por creer!

Ahora le ofrecemos *Bendecido a la Iglesia* como un regalo, esperando que ayudará a los católicos jóvenes a encontrar a Jesús y a descubrir el genio del catolicismo.

Bendecido fue:

Escrito por: Matthew Kelly
Ilustrado por: Carolina Farías
Diseñado por: El Equipo de Diseño de The Dynamic Catholic Design/El Católico Dinámico
Principales diseñadores: Ben Hawkins y Jenny Miller
Traducido al Español por: Vilma G. Estenger Ph.D
Diagramación y edición en Español: Justin & Lili Niederkorn

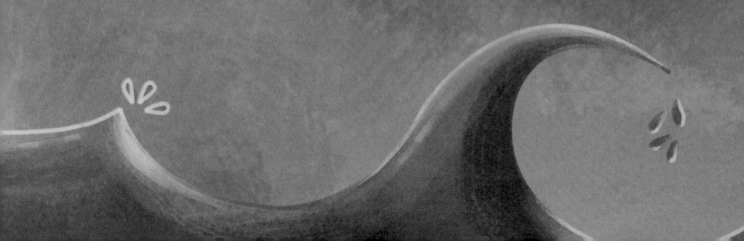

Ayuda a Dios te Ha Bendecido
a ser la Mejor-Versión-de-Si-Mismo

Dios te Ha Bendecido es diferente a otros programas en mil maneras. Una forma en la que es diferente es que siempre está cambiando y mejorando. Nosotros necesitamos tu ayuda en esto y lo puedes hacer enviandonos un correo electrónico. Escríbenos si encuentras un error tipográfico o si se te ocurre una forma divertida en que se pueda mejorar el programa. De esta manera nos aseguramos que año tras año *Dios te Ha Bendecido* pueda ser aún más dinámico.

blessed@dynamiccatholic.com

Blessed/Bendecido

ISBN 978-1-929266-94-4

PRIMERO EDICION

Mission

{ Volver a vigorizar la Iglesia Católica
en los Estados Unidos desarrollando
recursos de talla mundial que inspiren
a las personas a volver a descubrir
el genio del catolicismo. }

Vision

{ Ser el líder innovador en la
Nueva Evangelización ayudando
a los católicos y a sus parroquias
a convertirse en la-mejor-versión-
de-ellos-mismos. }

Dynamic Catholic
Be Bold. Be Catholic.®

Dios Te ha Bendecido es parte de

LA SERIE DE MOMENTOS CATÓLICOSCATÓLICOS

10 programas que creemos re-energizarán la Iglesia
Católica en América. Si usted desea saber más sobre
La Serie de Momentos Católicos o cómo ser parte
de nuestro trabajo, visite *DynamicCatholic.com.*

CONFIRMACIÓN

CUARESMA Y PASCUA

ADVIENTO Y NAVIDAD

PRIMERA COMUNIÓN

PRIMERA RECONCILIACIÓN

PREPARACIÓN PARA EL MATRIMONIO

NACIMIENTO Y BAUTISMO

RITO DE INICIACIÓN
CRISTIANA PARA ADULTOS

MISA DOMINICAL

SUNDAY MASS

LA MUERTE Y LOS MORIBUNDOS